KB040288

일본형 근대가족

일본형 근대가족

센다 유키 지음/ 김복순 옮김

논형

일본형 근대가족

초판 1쇄 인쇄 2016년 3월 20일

초판 1쇄 발행 2016년 3월 30일

지은이 센다 유키

옮긴이 김복순

펴낸곳 논형

펴낸이 소재두

등록번호 제2003-000019호

등록일자 2003년 3월 5일

주소 서울시 관악구 성현동 7-77 한립토이프라자 6층

전화 02-887-3561

팩스 02-887-6690

ISBN 978-89-6357-605-3 94910

값 17,000원

이 도서의 국립중앙도서관 출판예정도서목록(CIP)은 서지정보유통지원시스템 홈페이지
(http://seoji.nl.go.kr)와 국가자료공동목록시스템(http://www.nl.go.kr/kolisnet)에서 이용
하실 수 있습니다.(CIP제어번호: CIP2016007112)

기획의 말

일본을 가깝고도 먼 나라라고 한다. 감정적인 거리를 뜻하는 말이겠지만, 학문적으로 무엇이 가깝고 무엇이 먼지 아직 불분명하다. 학문은 감정에 흔들려서는 안 된다. 지금까지 우리 학문은 일본을 평가하려고만 들었지, 분석하려고 하지 않았다. 더욱이 일본을 알아나가는 행위는 운명적으로 우리를 이해하는 길과 맞닿아 있다. 그것이 백제 멸망 이후 바다를 넘어간 도래민족의 찬란한 문화, 조선통신사가 전한 선진 중국의 문물과 같은 자랑스러운 기억이든, 혹은 임진왜란, 정유재란, 식민통치로 이어지는 아픈 상처이든 일본과 한국은 떼어놓을 수 없는 적이자 동지이다.

그런 가운데 근대는 바로 그 질서를 뒤엎는 혁명적인 시기였다. 메이지유신을 통해 서구의 기술과 문물을 받아들인 일본은 동양의 근대화에서 하나의 본보기로 여겨졌으며, 그들 또한 자신들의 기준을 동양에 강제적으로 이식시켰다. 근대는 한 마디로 엄청난 높이, 놀라운 규모 그리고 무서운 속도로 우리들에게 다가왔으며, 지금까지 경험하지 못한 공포와 함께 강한 매력을 선물하였다.

'일본 근대 스펙트럼'은 일본이 수용한 근대의 원형 그리고 그것이 일본에 뿌리내리기까지 어떤 과정을 거쳐 변모했는지를 살피고자 한다. 특히 백화

점, 박람회, 운동회, 철도와 여행 등 일련의 작업을 통해 근대 초기, 일본
사회를 충격과 흥분으로 몰아넣은 실상들을 하나하나 캐내고자 한다. 왜
냐하면 우린 아직 일본의 학문과 문화 등 전반적인 면에서 높이, 규모, 속
도를 정확히 측정한 적이 없기 때문이다. 다행히 '근대 일본의 스펙트럼'
시리즈에서 소개하는 책들은 현재 일본 학계를 이끄는 대표적인 저서들
로 전체를 가늠하는 데 큰 힘이 될 것이다.

　물론 이번 시리즈를 통해 우리가 얻고자 하는 결실은 일본 근대의 이
해만이 아니다. 이번 작업을 통해 우리는 우리 근대사회의 일상을 잴 수
있는 도구를 얻을 수 있을 것이다. 식민지 조선사회를 형성하였던 근대
의 맹아, 근대의 유혹과 반응 그리고 그 근대의 변모들을 거대 담론으로
만 재단한다면 근대의 본질을 놓치고 말 것이다. 근대는 일상의 승리였
으며, 인간 본위의 욕망이 분출된 시기였기 때문이다. 안타깝게도 우리
는 근대사회의 조각들마저 잃어버렸거나 무시하여 왔다. 이제 이번 시리
즈로 비록 모자라고 조각난 기억들과 자료들이지만, 이들을 어떻게 맞춰
나가야 할지 그 지혜를 엿보는 것도 유익할 것이다.

　기획자가 백화점, 박람회, 운동회, 일본의 군대, 철도와 여행 등을 시리
즈로 묶은 이유는 이들 주제가 근대의 본질, 일상의 면모, 욕망의 현주소
를 보여주는 구체적인 예라고 생각했기 때문이다. 수많은 상품을 한자리

에 모아서 진열하고 파는 욕망의 궁전 그리고 새로운 가치와 꿈을 주입하던 박람회는 말 그대로 '널리 보는' 행위가 중심이다. 전통적인 몸의 쓰임새와는 전혀 다른 새로운 움직임을 보여주었다는 점에서 운동회와 여행은 근대적 신체가 어떻게 만들어졌으며, 근대적 신체에 무엇이 요구되었는지를 살피는 계기가 될 수 있을 것이다. 이런저런 의미에서 근대를 한마디로 '보기'와 '움직이기'의 시대라고 할 수도 있겠다.

'일본 근대 스펙트럼'은 바로 근대라는 빛이 일본 사회 속에서 어떤 다양한 색깔을 띠면서 전개되었는지를 살피는 작업이다. 또한 그 다양성이야말로 당대를 살아가던 사람들의 고민이자 기쁨이고 삶이었음을 증명해보이고자 한다. 그리고 궁극적으로는 한국사회의 근대 실상을 다양한 스펙트럼으로 조명되고, 입증하는 계기가 되었으면 좋겠다.

기획위원회

옮긴이의 말

　언젠가 고속도로로 진입하다가, 갑자기 나타나 펄럭이는 표어들을 보고 깜짝 놀란 적이 있다.

　"오늘도 안전운전, 가족의 행복입니다"

　"아빠의 음주운전 울고 있는 우리가족"

　안전운전에 관한 표어들은 많지만, 이 표어들은 '슬금슬금 중앙선 아슬아슬 생명선'이라든지 "5분 먼저 가려다가 50년 먼저 간다"와는 아주 다른 함의를 지닌다. 당연히 여겨질 지도 모르지만 사실 전자의 표어들은 지나치게 가족주의를 부추긴다. 운전의 주체는 개인일 뿐이고, 개인이 사회의 규범을 지키지 않을 때 이 사회가 혼란스러워진다는 내용을 담고 있으면 충분하다. 하지만 전자의 표어들은 '가족 중심'으로 사고하면서, 과속운전이 가족의 행복을 어떻게 해칠 수 있는지에 더 초점을 맞추고 있다. 그럴 경우 '사회'는 괄호 안으로 유배되고, 오직 가족만 남게 된다.

　설득력은 어느 쪽이 더 높을까? 전자일까 후자일까.

　사회보다 가족이 강조되고 전면에 부각되는 21세기 한국의 실상은 지극히 당연한 '근대'의 풍경이라 생각하기 쉽다. 하지만 과연 그러한가 반문해볼 필요도 있다. 드라마 〈별에서 온 그대〉에서 도민준은 자기네 행성에선 '가족'이란 개념이 없다고 말한 바 있다. 과연 가족이 없이 어떻게 사회가 지탱될 수 있는지 갸우뚱하는 사람도 많을 것이다. 물론 가족은 사회를 지탱하는 가장 확실한 기반임에는 틀림없다. 하지만 모든 중심에 가족이 위치해야 하는 것은 아니다. 오히려 가족이 모종의 폭력과 억압을 행사하고 있지는 않은지, 또 그 폭력을 감내해야 하는 특정 위치성이 존재하지는 않는지 반문해볼 필요가 있다.

이 책의 저자 센다 유키는 우리에게도 널리 알려진 우에노 치즈코(上野 千鶴子) 교수의 도쿄대 첫 제자이다. 예전엔 제자였지만 지금은 함께 학계를 이끄는 어엿한 동료로서, 일본 여성학계를 주도하는 대표적인 학자라 할 수 있다. 센다 유키는 우리가 가족에 대해 잘못 알고 있는 것들을 짚어 가면서 포문을 연다. 흔히 전근대는 대가족이었으며 현대는 핵가족이라 알고 있는데, 이는 잘못된 것이라고 주장한다. 라슬렛의 연구에서 밝혀졌듯이, 공업화 이전은 대가족제도였을 것이라는 점, 가족은 대규모에서 소규모로 변화했다는 신념, 공업화의 과정이 핵가족을 야기했다는 가성, 세계 어디서나 예전에 자급자족하던 자연적 세대 경제가 일반적이었다는 이론, 공업화 이전의 세대가 재생산 단위인 동시에 생산 단위였다고 알고 있는데, 센다 유키는 다섯 가지 모두 잘못된 가정이라고 역설한다.

이 책은, 마치 일반적인 것처럼 사용되는 '가족', '근대가족' 개념을 '역사적 개념'으로 설명하면서, 서구와 다른 '일본', '근대' 가족을 상대화 한다. 우리가 흔히 가족이라 말할 때의 가족이란 '근대가족'이라 말함으로써 가족 개념은 원래부터 또는 오래 전부터 있어 왔던 것이 아니라 '서구', '근대'와 함께 성립된 '역사적' 개념임을 애써 강조한다. 근대가족은 정치적·경제적 단위의 사적 영역이며, 성별 분업이 성립해 있고, 낭만적 사랑에 토대해 있으며, 어머니는 무조건적으로 아이들을 사랑한다는 모성 신화, 친밀성 등으로 채색되어 있다는 것을 놓쳐서는 안 된다는 것이다.

가족은 원래부터 있었던 것이 아니라 어느 시점에서 만들어졌다는 것이다. 일본의 경우 19세기 후반 천황을 중심으로 하는 국가 만들기 과정에서 국가라는 에이전트에 의해 만들어졌으며, 그것은 천황을 국민통합의 상징으로 하여 '국민'이 만들어지는 과정과 동궤라고 말한다.

센다 유키는 서구 사회사로부터 도출된 '근대가족'이란 개념을 사용하여, 일본의 근대가족에 대해 문제제기함으로써, '서구 근대' 가족과 무엇이, 어떻게 다른지를 검토한다. 서구의 근대가족 개념은 '이에家'와 어떤 연관이 있는지, 이에 개념으로 인해 일본의 근대가족 개념의 차이가 발생했는지, 전후 핵가족의 형태로 이어지기까지 일본에서 근대가족 개념은 어떻게 변화하고 어디로 가고 있는지 그 향방에 대해 검토 분석하고 있다.

1장에서는 근대가족이 낭만적 사랑 이데올로기, 모성 이데올로기, 가정 이데올로기에 토대해 '만들어진' 것이라 언급한다. 일생에 한 번 사랑에 빠진 남녀가 결혼하여 아이들을 낳아 기르며 살아간다는 '낭만적 사랑 이데올로기'는 근대 이전에는 없었던 것으로서, 근대가족과 마찬가지로 근대가 태동하면서 발생한 것이다. 또 어머니는 아이를 사랑해야 하며 아이들에게 어머니의 애정 이상의 것은 없다는 모성 이데올로기 또한 근대에 들어 생긴 것이고, 가정을 친밀한 것이자 더할 나위 없이 중요한 것으로 생각하는 가정 이데올로기 또한 근대에 들어 만들어진 것이라는 것이다. 낭만적 사랑 이데올로기는 성별 역할 분업에 근거한 생산 · 재생산의 단위인 '근대가족'이라는 제도를 만들고 유지하는 데 최적화 되어 있다고 저자는 진단한다. 이러한 이데올로기들의 기원 및 일본에서의 이들 이데올로기들의 변천과정을 살피면서, 저자는 이들 이데올로기의 남녀 비대칭성 및 모순을 하나하나 지적해내면서 왜, 어떻게 문제인지를 고찰한다.

　2장에서는 '제도'로서의 근대가족이 교육 시스템과 시장 시스템, 국가 시스템과의 관계를 분석하면서, 현재의 가족이 지닌 가능성 및 그것을 넘어선 가능성까지 고찰하고 있다. 3장에서는 일본형 근대가족과 관련하여, 전통가족인 '이에'로부터 20세기 후반까지의 근대가족의 변모상을 구체적 사례를 들어가며 검토한다. '이에' 제도가 근대가족의 보편성을 지니는지 아니면 일본적 특수성 영역인지와 관련해 언급하면서, 저자는 20세기 후반 들어 '포스트 근대가족'이라 불리는 변화양상까지 제시한다. 정치적 · 경제적 단위로서의 가족에서 '개인' 단위로 변화하는 일본의 모습을 제시한다. 근대 가족을 지탱한 위의 세 이데올로기들이 흔들리면서 성별 역할 분업도 동요하기 시작했으며, 가족에 의한 격차와 가족환상도 거의 해체되고 있다고 진단한다. 핵가족이 과연 이상적인 가족인가에 대해서도 반문하면서, 핵가족이란 개념은 '이에'로부터의 해방을 분명 달성케 했으나 그 역시 유토피아는 아니었다고 일갈한다. 핵가족에도 역시 억압상이 존재한다고 보는 것이다.

서구 여성학, 가족사회학 이론들을 열거하는 부분은 다소 딱딱하고 지루했지만, 깔끔하게 요약 정리된 내용은 연구자들에겐 더할 나위 없는 지침서 역할을 할 수 있으리라 판단한다. 가정이 프라이버시의 요새가 아니게 되었다는 것, '독이 되는 부모' 이론으로 모성 신화를 해체하는 부분, 『올챙이클럽』, 『병아리클럽』과 함께 소개된 '모성의 레저화' 내용들은 요즘 우리나라에서도 확인되는 경향으로서, 매우 신선한 자극을 주었다.

일본의 근대가족, 포스트 근대가족의 여러 면모들은 최근 들어 우리나라에서도 나타나는 현상으로서 일본과 '같으면서도 다른' 점이 있었다.

한국의 '가家'와 일본의 이에, 서구의 가족이 어떻게 다른지 분석하는 데 이 책은 다양한 가르침을 줄 수 있을 것이라 판단한다. 더구나 식민지였던 20세기 초 한국의 '가'와 이에의 변모양상을 검토·분석하는 작업은 매우 흥미로운 작업이 될 것이다. 구체적인 비교 분석이 각종 '억압으로부터의 해방'과 관련된다면 또 다른 유익함이 선사될 것이다. 이 책은 '가족 구성원인 나'를 개인 차원에서 뿐 아니라 가족과 사회, 국가와 함께 중층적·입체적으로 진단하면서 '해방'의 방향성을 넌지시 제시하는 매우 멋진 책이다.

번역이 끝나기를 오래 기다려준 논형출판사에 감사드린다. 모든 해방이 그렇듯이 번역으로부터의 해방 역시 땀과 투쟁과 시간을 필요로 했다. 논형출판사의 '일본 근대 스펙트럼'의 한 모서리를 장식하게 된 것도 더할 나위 없는 영광이다. 센다 유키의 '쉬어 가면서도 쉼이 없는' 문체로부터의 해방 역시 달콤하기 짝이 없다. 출판을 허락해주신 소재두 사장님, 책을 그럴 듯하게 꾸며준 편집부 여러분께도 깊은 고마움을 전한다. 센다 유키가 한국에서 호응을 받는다면 그건 모두 논형출판사의 덕이다.

2016년 2월
김복순

차례

2부 가족의 근대와 일본

시작하며

이 책의 타이틀을 정할 때 이것 밖에는 없다는 생각이 들었다. 일본에 '근대가족'론이 소개된 지 사 반 세기가 지났다. 근대가족이라는 것은 정치적·경제적 단위의 사적 영역이며 남편이 돈을 벌고 아내가 가사를 책임진다는 성별 역할 분업이 성립해 있고, 어떤 종류의 규범 세트 ─일생에 한 번 운명의 사람과 만나 결혼하고, 아이를 만들며 살아간다는 낭만적 사랑, 아이들은 천사와 같이 사랑스럽고, 어머니는 아이들을 무조건 본능적으로 사랑한다는 모성, 가난하더라도 친밀한 가정 속에서 자신의 가족이 가장 중요하다는 의미 등의 신화로 채색된 ─ 를 동반하는 가족의 형태를 가리킨다. 우리들에게 당연하다고 생각되어 왔던 이러한 가족상에 '근대가족'이라는 이름을 붙여 전근대 사회로 눈을 돌리면 우리들은 망연해진다.

전근대사회에는 독신자도 많았으며 연애라는 개념도 없었고, 따라서 '운명의 사람과 사랑에 빠져 죽을 때까지 함께'라는 생각으로 결혼하는 사람은 없었으며, 막내아들이 독립하기 이전에 아버지는 죽었다. 또한 아이들이 죽어도 아버지는 울지 않았으며 아이가 순진하다고도 생각하지 않았고, 애초에 가족에 프라이버시는 없었다. 좀 더 말하자면 지금 우리들이 생각하는 것과 같은 생산과 소비의 단위인 '가족' 자체가 존재하지 않았다. '가족Family'이라는 개념이 나타나는 것은 구미의 경우에도 17세기이며, 그 때에도 봉공인奉公人 등의 비혈연자를 포함하고 있었다. 일본의 경우에도 '가족'은 Family의 번역어로 메이지 시대에 만들어진 말이며, 처음에는 가족 '집단'을 가리키는 말이 아니라 가족 개개 '성원'을 가리키는 것에 지나지 않았다.

이처럼 전근대 사회에서 가족의 부재를 감안한다면, 가족이라는 경험도 역사적으로는 '특수'한 존재의 형태 중 하나에 지나지 않는다는 것을 알 수 있다. 가족을 둘러싸고 우리들이 겪는 경험은 '근대가족'의 경험에 지나지 않는다.

'근대가족'론은 '가족'을 상대화했으나, 나는 또 하나 상대화한 것이 있다고 생각한다. 그것은 '일본'이다. 1980년대에는 아직 일본의 근대는 '특수'하다는 둥, 이미 '포스트모던'을 맞이하고 있다는 둥, 아직 '전근대'이고 '봉건적'이며 '시대에 뒤떨어져 있다'고 인식되어 있었다. 그 '전근대성'이나 '특수성'을 대표한 것이 '일본의 가족'이며 '이에家'였다.

그러나 '근대가족'으로 눈을 돌려보면, 일본의 근대가족은 특별히 '특수하지도' '뒤쳐지지도' 않았다. 합리적인 시민사회의 영역과 달리 원래 가족은 '감정'이 할당된 영역이다. '감정'의 표면적인 비합리성에 발목을 잡히게 되나, 원래 '모성'이라든지 '연애'라는 애정이 만들어진 것은 근대 이후이며, 사적 영역인 가족의 비합리성은 매우 '근대적'이다. 근대에는 시민 영역과 가족 영역이 분명히 분리되어 각각 '공'과 '사'라는 이름이 붙

여겨 서로 정반대의 규범— 파슨스Parsons의 말을 빌리면, 보편주의/개별주의, 업적본위/귀속본위, 감정중립성/감정성, 한정성/무한정성, 집단지향/자기지향이라는 정반대의 행위의 규범— 이 할당되었다. 시민사회에서는 절도 있고 공평하게 상대를 대하는 것이 요구되었으나, 가족에게는 애정을 가지고 대할 것이 요구되었다.

그렇다면 일본의 '근대가족'이란 어떤 것인가? 이 질문에 아직 결론은 나와 있지 않다. 구미사회사의 연구결과로부터 나온 '근대가족'이라는 개념을 사용하여 일본의 가족에 대해 무엇을 알 수 있을 것인가? '일본형 근대가족'이라는 것은 무엇인가? 일본의 '근대가족'의 문제에 초점을 맞춰 한 번 천천히 생각해볼 필요가 있다고 생각한다.

또한 일본의 '근대가족'의 기본형은, 메이지 시대에 만들어졌다고는 해도 그로부터 백 년 이상이 경과했다. 특히 1990년대 이후 세계화가 급격히 진행되면서 가족의 변화도 현저해졌다. 그렇다면 일본 사회의 변화와 '근대가족'은 어떠한 관계가 있는가? 실제로 일본의 '근대가족'은 어떻게 변화했는가? 그것이 '근대가족'이라는 틀을 사용하면서 이야기된 경우는 의외로 적다고 생각한다. '근대가족'이 어디로 가는가에 대하여 생각해보고 싶다.

1부
일본형 근대가족

1장
근대가족의 형성

1. 가족은 만들어진 것인가?

가족은 변화하는 것인가? 우리들은 과거의 가족 이미지를 매우 쉽게 이야기한다. 예를 들어 예전에는 대가족이었으며 노인이 중요시되어 많은 손자들에게 둘러싸여 살지 않았느냐는 것과 같은 이미지가 만들어지는 경우가 많다. 그렇다고 생각한다면 태고로부터 남자와 여자가 맺어져 아이를 낳고, 사회생활을 남자가 담당하고 여자는 가사를 담당했으므로, 부부와 미혼의 자식으로 구성되는 '핵가족'은 계속 변하지 않는다는 이미지 또한 만들어질 수 있을 것이다.

잘 생각해보면 과거에는 대가족이었다는 이미지와 현재 존재하는 '핵가족'은 오래 전부터 변하지 않았다는 두 가지 이미지는 서로 상반되는 것이다. 과연 이러한 이미지들은 양쪽 모두 사실일까? 아니면 어느 한 쪽이 옳은 것일까? 영국의 인구학적 역사학자 피터 라슬렛Peter Laslett(1915~2001)이 주도한 케임브리지 그룹의 연구에 의하면, 13~14세기 영국의 인구조사로부터 당시의 세대世帶 대부분이 아버지-어머니-자식들로 이루어진 핵가족이었음이 증명되었다(Laslett 1985=1922: 118). 라슬렛은 이들 조사로부터 가족의 역사에 관한 잘못된 '다섯 가지 도그마'에 대하여 경종을 울리고 있다. 그의 연구는 우리의 생각을 해체하는 데 편리하므로 여기서 잠시 검토해 보도록 하겠다.

1) 라슬렛이 말하는 다섯 가지 도그마

먼저 대규모 세대 도그마를 들 수 있다. 이것은 공업화 이전의 동거집단은 대규모였으며, 친족구성은 복잡했을 것이라는 생각이다. 그러나 실제로 공업화 이전의 영국에서는 사망률도 출생률도 높았으며, 한 세대의 구성원은 평균 4~5명이었다. 대규모 세대가 형성되는 경우는 대부분 봉공인들을 포함한 형태였으며, 가족은 반드시 혈연관계가 있는 사람들로만 구성된 것은 아니었다.

두 번째로 일방향 도그마가 있다. 이것은 언제, 어디서든 가족은 대규모에서 소규모로, 복잡한 구조에서 간단한 구조로 변화했다는 신념이다. 유감스럽지만 이것도 잘못된 생각이다.

세 번째는 공업화 도그마이다. 이것은 공업화의 과정이 대규모 가족에서 소규모 가족으로의 변화를 야기했다는 잘못된 가정이다.

네 번째로는 자연적 세대 경제 도그마가 있다. 이것은 세계 어디에서도 옛날에는 자신들이 필요한 물건을 자급자족하는 자연적 세대 경제가 일반적이었다는 것으로 '증명되지 않았으며 필요하지도 않은' 이론이다.

마지막 다섯 번째는 노동집단으로서의 세대 도그마가 있다. 공업화 이전에는 어떤 세대도 아이들을 낳고 기르는 인구 재생산의 단위인 동시에, 여러 가지 물건을 만들어내는 생산의 단위였다는 잘못된 가정이다.

2) 핵가족의 이미지

예전의 가족이 '대가족'이었다는 이미지는 잘못된 것 같다. 그렇다면 '핵가족'의 이미지는 어떠한가? 공업화 이전의 영국에서 세대의 대부분이 핵가족이라는 사실은 라슬렛의 연구성과로 인해 분명해졌는데, 이는 인구학적으로 높은 출생률(결혼률의 상승)에 의하여 설명된다(Wall 1983=1988). 이러한 세대규모는 영국만이 아니라 일본을 포함하여 다른 국가에서도 적용될 수 있다. 슈몬닌벳쵸우宗門人別帳[1]를 조사해봐도 일본의 세대별 인구 수는 에도 시대에도 다섯 명에 지나지 않는다. 즉, 인구학적인 조건으로부터 핵가족을 형성하기 쉬운 조건이 갖추어져 있는 것이다(小山 1999).

그러나 실제로 옛날의 세대가 '핵가족'의 형태를 띠고 있다고 해도, 그것은 우리들이 현재 알고 있는 가족집단과는 크게 다른 것이었다. 라슬렛이 '노동집단으로서의 세대 도그마'가 잘못된 것임을 서술하고 있듯이, 가족이 물건을 생산하기 위한 단위이며 가사나 양육을 위한 단위라는 생각은 근대에 들어 만들어진 것이다.

---

1) 에도 시대 슈몬 아라타메(宗門改)에 근거하여 작성된 장부. 호적부의 역할도 담당했다. 슈몬 아라타메란 에도 시대 일본에서 에도 막부에 의해 실행된 민중 정책 및 민중 통제정책으로 민중이 믿는 종교를 조사하는 제도이다. 금교령의 발포와 함께 그리스도교의 적발을 목적으로 정비된 제도였으나, 에도 중기 이후 주민조사 제도로 변질되었다.*

3) 만들어진 '가족'

그렇다. 우리들이 현재 익숙하다고 생각하는 가족 형태는 사실 근대에 만들어진 것이다. '가족이 만들어졌다'고 하면 이상하다고 생각할지 모르겠다. 우리들은 각자 어느 가족에서 태어날지 결정할 수는 없지만, 자신의 의지로 자연스럽게 누군가와 사랑에 빠지고 결혼하며, 아이들을 낳고 가족을 만들어간다. 이것은 지구상의 어디에서도 어느 시대에도 일어나는 일로, '당연한 것'이며 '자연'스럽지 않은가 생각하게 된다. 그러나 '당연하며' '자연'스럽게 보이는 것일수록 의심해볼 가치가 있다. 특히 가족이나 성에 관련된 것들은 얼핏 보면 '생물학적'인 '자연'에 의해 결정되는 것처럼 보이므로 어떠한 역사를 지니고 있는지 검토하면 오히려 그 당연함 —자명성— 이 붕괴되는 경우가 있다. 가족은 보편적인 것도 불변하는 것도 아니다. 성이나 가족은 역사를 지니고 있다(Foucault 1976=1986).

2. 만들어진 '가족'

그렇다면 가족은 누구에 의하여 만들어진 것인가? 어떤 의미에서 가족을 만든 에이전트는 국가였다. 잘 알려진 것처럼 일본은 19세기 후반 '쇄국'을 풀고, 급격히 구미 제국을 중심으로 하는 세계로 녹아들어갔다. 도쿠가와 막부가 사라지고, 천황을 중심으로 하는 국가 만들기가 진행되었다. 천황을 국민통합의 상징으로 하여 '국민'이 만들어진 것이다.

1) 국민국가 형성과 '가족'

당연한 말이지만, 에도 시대에는 '일본인'이라는 정체성은 존재하지 않았다. 예를 들어 '너는 누구인가?'라고 묻는다면, 아마도 '어느 무라村의 누구다'라고 대답했을 것이다. 에도 시대 사람들의 세계는 촌락공동체 속에서 완결되어 있었기 때문이다. 우리들이 (우선 당신을 일본인이라고 가정한다. 물론 실제로는 그렇지 않을 가능성도 있지만) 자신을 '일본인'이라는 '국민'으로 상상하기 위해서는 자신의 촌락공동체를 넘어 '일본'이라는 영역이 존재하며, '일본어'를 말하는 같은 '일본인'이 존재한다는 것을 전제하지 않으면 안 된다. 여러 가지 '방언'과 다른 '공통어'인 '일본어'가 지금처럼 정비되어 '일본인'이라는 정체성이 만들어진 것은 서적을 시작으로 라디오, 더 나아가서는 텔레비전이라는 테크놀로지의 진화와 깊은 관련이 있다.

이러한 '국민'의 창설에 왜 가족이 관련되어 있는가? 그것은 일본 정부가 '국민'을 파악할 때 가족, 보다 정확하게 말하자면 세대를 단위로 하려 했기 때문이다. 메이지 정부는 우선 사농공상士農工商이라는 신분제도를 폐지하고, 천황 이외의 국민, 화사족華士族[2]과 평민을 일단은 '평등'하다고 하고는 사민평등四民平等이란 제도를 만들어냈다. 정치의 주체인 '국

---

2) 화족(華族)과 사족(士族)을 합친 말. 화족은 메이지 유신 이후 귀족계급을 받은 사람을 말한다. 1869년 일본은 285개의 다이묘(大名: 각 지방의 영토를 다스리며 권력을 누렸던 영주) 가문과 142개의 구게(公家: 조정에서 봉직하는 귀족과 관리의 총칭) 가문을 통합한 화족 계급을 신설하였으며, 1891년 화족령에 의해 공작, 후작, 백작, 자작, 남작이라는 5등급의 화족 서열이 정해졌다. 사족은 메이지 유신 이후 에도 시대의 옛 무사 계급과 귀족 등 지배 계층 중 원칙적으로 녹(錄)을 받고 화족화 하지 않은 사람에게 주어진 신분 계급의 족칭(族稱)이다.

민'을 형성하려 한 것이다. 그리고 종래에는 무사 계급의 특권이었던 성姓을 모든 국민에게 부여했다.

실제로 메이지 시대에 들어오기 이전에 이미 상가商家는 야고우屋号[3]를 지니고 있었다. 또한 농민도 에도 후기에는 농민층 분해로 인해 독립하고 있었으며, 야고우를 지니고 있었다고 이야기된다. 그러나 야고우와는 별개로 모든 국민이 성을 가지게 됨으로써, 국민이 어디로 이동해도 국가는 국민의 소재를 파악할 수 있게 되었다. 국민의 이동으로 야고우와 성이 분리되는 현상은, 독일이나 프랑스 등 유럽에서도 마찬가지로 나타나는 현상이다(Mitterauer & Sieder 1977=1993).

이와 같이 국가는 모든 국민에게 성을 부여하였으며, 여러 가지 관리의 단위로 삼기 위한 '가족'을 만들어내려 하였다. 현재에도 주민 투표의 주민등록이나, 주민(외국인도 포함하여 일단 주민이라고 쓰나 주로 '국민')의 상태를 파악하기 위한 국세조사는 현주소주의에 근거하여 세대를 단위로 행해지고 있다. 가족은 위생이나 납세, 교육이나 병역, 노동의 단위로 간주되었다(西川 1991).

2) 교육된 '가족'

사람들이 아직 모르는 '가족'이란 무엇인지 국민에게 가르치기 위하여 국가 자체도 계속 시행착오를 반복해야만 했다. 예를 들어 지금은 '일본의 전통'이라고 생각되는 부부동성 역시, 1898년 메이지 민법에는 명확

---

3) 한 가문이나 일가의 특징을 바탕으로 가문에 부여된 칭호를 가리키는 말.*

하게 규정되어 있지 않았다. 그 때문에 거의 절반의 여성이 남편과는 다른 성을 지니고 있었다고 이야기된다. 한국에서는 여성이 친정의 성을 사용하고 있다. 유교에서 여성은 '가문家'의 이질적 분자로 생각되었기 때문에 남편의 성을 사용하는 것이 용납되지 않았다. 따라서 한국에서는 일본과 반대로 부부동성이 페미니스트들에 의해 주장되는 역전 현상이 발생하고 있다.

또한 메이지 정부는 당초 '첩'의 존재를 법적으로 인정하고 있었다. 한 명의 남편과 한 명의 아내가 결혼한다는 일부일처제는 또한 '상식'적이지 않았다. 나중에 외국으로부터 야만스럽다고 비판을 받을 우려가 있어 폐지된 것이다. 결혼이나 이혼을 공공기관에 알린다는 풍습도 철저하지 않았기 때문에 혼인은 지금보다 유동적이었다. 예를 들어 1923년에 나카지마 타마키치中島玉吉가 교토의 니시진西陣에서 행한 조사에 의하면, 혼인 신고를 하지 않은 사람들의 가장 큰 이유는 '남편과 아내 쌍방이 호주 및 상속인이어서 입적이 불가능'하기 때문인 것이 29%, '호주가 허락하지 않기 때문에'가 12.8%, '아내의 출산을 기다리기 때문에'가 8.1%, 기타가 26.8%였다. 흥미로운 것은 '별 생각 없이 태만하여'가 23.3%나 된다는 점이었다(利谷 1996: 139). 이혼률도 다이쇼 시대에 들어서기 전에는 상당히 높았다.

사람들은 '가족'이 무엇인가를 아직 학습하지 않았었다. 그렇기 때문에 얼마 안 된 근대 국민국가가 '국민'을 만들고, '가족'이란 무엇인가를 국민에게 가르쳐주지 않으면 안 되었다. 보다 정확히 말하면, 국민국가가 '국민'을 만들어내는 과정과 '가족'을 만들어내는 과정은 연동하고 있었다.

3. 근대가족의 성립

이처럼 근대에 들어서 국민국가에 의해 만들어진 '가족'을 그 이전과 구별하여 '근대가족'이라고 한다. 근대 이전에는 우리들이 상상하는 것과 같은 '가족'은 존재하지 않았다.

1) 전근대의 '가족'

전근대 사회에서 사람들은 '가족'이라는 세대가 아니라, 공동체의 규제 속에서 살았다. 라슬렛이 말하는 것처럼 가족은 아이를 낳아 기르는 독립된 재생산의 단위가 아니었고, 그 안에서 경제가 완결되어 있는 생산의 단위도 아니었다. 사람들의 성관계는 공동체의 규제 속에 있었으며, 신분을 넘어선 자유로운 결혼은 있을 수 없었다(실제로는 현대에도 우리들은 같은 계층의 사람들과 결혼하도록 요구되나 이것과는 별개의 이야기다). 또한 지금 우리들이 생각하는 것과 같은 생산이나 재생산의 단위로서의 세대는 자율적이지 못했으며, 성이나 연령에 따라 구속되는 공동체 그룹, 예를 들어 와카모노구미若者組나 무스메구미娘組[4] 등의 그룹이 큰 힘을 가졌으며, 성이나 연령에 의해 나눠진 그룹에 의해 분업이 이루어졌다고 생각된다. '가족'이라는 단위는, 말하자면 공동체 속에 매몰되어서 보이지 않았다.

---

4) 13~15세 전후에 치러지는 성인식을 계기로 남자는 와카모노구미에, 여자는 무스메구미라는 전국적인 단체에 가입했다고 한다. 가입시 남자는 쌀가마를 메거나 돌을 짊어지는 등 혹독한 훈련을 했다고 한다. 이 단체에 가입하면 어엿한 성인으로서 결혼을 할 수 있고, 마츠리에 참가할 수 있었다. 결혼을 하면 이 단체로부터는 자동탈퇴가 된다고 한다.

2) '근대가족'이란 무엇인가

근대에 만들어진 '근대가족'의 특징은 어떠한 것인가? '근대가족'에 관한 역사연구의 고전 『근대가족의 형성The Making of the Modern Family』을 저술한 역사가 에드워드 쇼터Edward Shorter는 근대가족의 요건으로서 다음의 3가지를 거론하였다(Shorter 1975=1987).

1. 애정 혁명
2. 모자 간의 정서적 유대
3. 세대의 자율성

즉 근대에 들어선 이후 남성과 여성이 애정을 가지고 결혼하게 되었으며, 어머니가 아이들을 사랑하게 되었고, 가족이 다른 영역으로부터 간섭을 받지 않게 되었다. 이러한 3가지 요소들은 근대가족의 '이상'이었으나 '현실'은 아니었다. 감정을 '해방'하고, 애정이라는 동기에 의해 결혼하게 되었다는 로맨스를 이상화하거나 아이들을 향한 애정을 실체화하는 것은 불가능하다. 감정의

『근대가족의 형성』(Basic Books, 1977)

'혁명'이 감정에 관한 '이상'을 만들어내기는 했지만, '현실'을 만들어냈다고는 할 수 없다.

일본에 근대가족론을 소개한 오치아이 에미코落合恵美子는 다음의 8가지를 근대가족론의 특징으로 들고 있다(落合 1989).

1. 가내 영역과 공적 영역의 분리

2. 가족 성원 상호 간의 강한 정서적 관계

3. 어린이 중심주의

4. 남자는 공적 영역, 여자는 가내 영역이라는 성별 분업

5. 가족의 집단성 강화

6. 사교社交의 쇠퇴

7. 비친족의 배제

8. (핵가족)

오치아이는 여덟 번째의 핵가족에 괄호를 넣고 있다. 그 이유에 대해 일본에는 직계가족(핵가족이 아니라, 조부모 등과 동거하는 가족형태)과 같은 규범이 있으며, "핵가족제를 취하지 않는 문화권을 대상으로 하는 경우에는 가족형태에 대한 규정은 하지 않는 편이 좋다"(落合 1996: 29)고 판단했기 때문이라고 설명하고 있다.

니시카와 유우코西川祐子는 이 오치아이의 8번째 항목의 이념형에 다음과 같은 항목을 추가하고 있다(西川 1991).

9. 가족의 통괄자는 남편이다.

10. 가족은 근대가족의 단위로 간주된다.

그러나 니시카와는 10번째 항목의 "가족은 근대가족의 단위로 간주된다"를 독립시켜 근대가족의 정의로 삼았으며, "다른 아홉 항목은 근대가족의 일반적 성질 혹은 근대가족의 특징으로 하는 발상의 전환을 해야 한다"(西川 1996: 80)고 하였다. 근대 이전의 가족이 부분적으로는 근대가족에 가까운 성질을 갖추고 있었다고는 해도, 국민국가 시대의 가족만

이 근대가족이라고 부르기 적합하기 때문이다.

또한 야마다 마사히로山田昌弘는 '근대가족'의 특징으로서 다음의 3가지를 들고 있다(山田 1994).

1. 바깥 세계로부터 격리된 사적 영역
2. 가족 성원의 재생산, 생활보장
3. 가족 성원의 감정 매니저

야마다가 거론한 '근대가족'의 특징을 나름대로 바꿔보면 다음과 같다. 우선 '가족'이라는 영역이 공동체로부터 분리되어 프라이버시의 영역이 되었다. 이것은 주변 사람들의 말과 상관없이, 가족이 무엇을 하든 자유라는 것을 주장할 수 있게 되었다는 것을 의미한다. 신분 차이가 나는 결혼도 (이념적으로는) 자유이며, 아이들을 가르칠 권리와 의무는 공동체가 아니라 부모에게 있다. 이는 가족 성원에게 자유를 주는 한편, 가족 내에서의 폭력과 권력 관계를 보기 어렵게 하는 문제를 야기했다. 또한 근대사회에서는 상품을 생산하는 노동의 장이라 할 수 있는 시장市場이 큰 역할을 담당하게 되었으나 '가족'에는 다른 성격이 부여되었다. 시장 노동과는 별개의 '가사 노동'의 장이 탄생한 것이다.

'가족'은 노동자인 남편이 피로를 회복하고, 휴식을 취하며, 식사를 하고, 다시 노동 시장에 나가는 것을 뒷받침하는 곳이 되었다. 또한 장래의 노동자인 아이들을 낳고, 기르며, 노동 시장으로부터 은퇴한 늙은 부모를 보살피고, 노동 시장에 참가할 수 없는 부상자나 병자가 발생한 경우에는 그 간호를 맡는 단위가 되었다. 이러한 역할은 주로 여성이 담당하게 되었다. 남편은 시장 노동을 담당하고 아내는 가사 노동을 담당하게 되어 성별에 따라 해야 할 역할이 정해진 것을 성별 역할 분업이라고 한다. 물론 '가족'만으로는 이러한 기능을 모두 담당할 수 없으므로 복지가 이러한 역할을 뒷받침하게 되지만 '가족'은 공동체로부터 분리되는 대신 직접 국가에 접속되었다.

또한 근대사회는 '감정'을 중요시하는 사회다. "애정의 감각, 친근함, 즐거움, 친밀성, 감정표현, 배려 등 인간관계의 '좋은' 측면"(山田 1994: 46)은 모두 가족에게 떠맡겨졌다. 시장이 차가운 인간관계를 대표하는 장이 되는 동시에, 근대사회에서는 사람들이 사랑하고 사랑받는 것이 더할 나위 없는 가치를 가지게 되었다.

우리들은 감정을 '자연'스러운 것이라고 느끼고 있으나 실제로 감정은 '자연'스럽지 않다. 야마다의 논의를 따라가 보면, 우선 감정에는 표출-억압의 공식이 있다. 아무리 열렬히 사랑하는 연인 사이라도 다른 사람들의 앞, 특히 공식적인 장소에서는 애정표현을 삼갈 것이다. 두 번째로, 감정에는 적절성의 원칙이 있다. '장례식장에서는 슬퍼하는 것'이 적절하며, 들떠 있는 것은 이상하다고 생각된다. 세 번째로, 이러한 감정은 근대사회에서도 높은 가치를 지니고 있었다. '아무런 감정을 느끼지 않는 인간'이라는 것은 가장 심한 비난이며, 감정을 체험할 수 있는 인간이라는 것이 제 역할을 하는 인간이라는 것을 증명한다. 이러한 사회이기 때문에 오히려 사람들은 롤러 코스터나 유령의 집에서 일부러 무서운 체험을 기억하기 위해 돈을 지불한다. 네 번째로, 특정의 감정에 가치가 부여되어 있다. '사랑'이라든가 '연애', '공감'은 높은 가치를 부여받으며 '부끄러움'이나 '죄'라는 감정은 좋지 않은 것이라고 생각된다.

이렇게 생각한다면 감정이 사회적으로 규제받고 있다는 것을 알 수 있을 것이다. 애정뿐만 아니라 여러 가지 감정들은 사회적으로 정해져 있다. 이처럼 사람들이 지켜야 할 것으로 생각하는 것이라 사회적으로 정해져 있는 것을 '규범'이라고 부른다.

4. 근대가족의 규범

그렇다면 근대가족에 관한 규범에는 어떤 것이 있는가? 크게 이야기한다면 아래의 3가지를 생각할 수 있을 것이다(Shorter 1975=1987 등등).

1. 부부 간 유대의 규범으로서의 낭만적 사랑 이데올로기
2. 모자 간 유대의 규범으로서의 모성 이데올로기
3. 가족 집단성의 규범으로서의 가정 이데올로기

1) 낭만적 사랑 이데올로기란?

낭만적 사랑 이데올로기란 "일생에 한 번 사랑에 빠진 남녀가 결혼하여 아이들을 낳아 기르며 살아간다", 즉 사랑과 성과 생식 등이 결혼을 매개로 하여 일체화되는 것이다. 결혼을 매개로 이러한 3가지가 한꺼번에 요구되기 때문에 사랑 없는 결혼, 사랑 없는 섹스, 결혼으로 이어지지 않는 성관계, 혼외정사, 외도로 태어난 아이, 사랑하는 상대의 아이가 필요없다고 느끼는 것, 결혼했지만 아이를 낳지 못하는 것 등이 부자연스

럽게 생각되어 비난의 대상이 된다.

2) 모성 이데올로기란?

모성 이데올로기란 어머니는 아이를 사랑해야 하며, 또한 아이들에게 어머니의 애정 이상의 것은 없다고 생각하는 것이다. "세 살까지는 어머니가 아이를 키워야 하며, 그렇지 않으면 아이들에게 돌이킬 수 없는 영향을 준다"는 '삼세아신화三歲兒神話' 등도 여기에 포함된다. 참고로 이러한 삼세아신화는 1998년도의 후생백서에 "합리적인 근거가 없다"고 부정되었다.

3) 가정 이데올로기란?

가정 이데올로기란 가정을 친밀한 것이자 더할 나위 없이 중요한 것으로 생각하는 것이다. 아무리 가난하더라도 자신들의 가족이 가장 중요하다. 가족은 모두 사이가 좋아야 한다는 것으로, '좁아도 즐거운 우리 집'이라는 표현에서 보이는 것 등이 가족의 친밀성과 관련된 규범이다.

이들 3가지의 이데올로기를 역사적으로 보면 낭만적 사랑 이데올로기, 모성 이데올로기, 가정 이데올로기의 순으로 성립되었다. 그러면 지금부터 이들 규범의 변화 양상을 검토해보도록 하겠다.

5. 부부 인연의 규범=낭만적 사랑 이데올로기

낭만적 사랑 이데올로기는 사랑과 성과 생식이 결혼을 매개로 일체화된 것이라고 서술하였는데, 실제로는 여러 조합의 패턴이 존재하고 있다. 성과 연애와 결혼이 결합되는 경우도 있고, 사랑과 성과 생식 등이 결합되는 경우도 있다. 그러나 공통되는 것은 사랑과 성과 결혼과 아이가 일련의 과정으로 생각된다는 점이다. 즉 사랑에 빠지면 섹스, 즉 결혼이 하고 싶어지고, 상대의 아이를 갖고 싶어 한다고 생각하게 된다는 것이다.

1) 낭만적 사랑 이데올로기는 여전히 존재하는가?

성의 해방이 진행된 오늘날에는 더 이상 낭만적 사랑 이데올로기는 존재하지 않으며 이것을 구태의연한 사고방식이라고 생각할지도 모른다. 그러나 실태가 어찌되었든 아직 낭만적 사랑 이데올로기 규범은 완전히 사라지지 않았다. 확실히 단 한 명의 사람과 살아가느냐의 문제가 삶과 죽음의 문제로 치부되거나, 결혼하지 않은 채 성관계를 갖는 것을 연상케 하는 동거가 스캔들로 취급되는 시대에 비하면, 1960년의 성 혁명이나 1990년대 후반 이후 현재의 낭만적 사랑 이데올로기 규범은 상당히 흔들리고 있다. 그렇다고는 해도 결혼식이나 맞선 자리에서 과거의 연애 편력이나 혼외 관계로 아이를 가진 것을 이야기하는 것이 장려되고 있다고는 말하기 어려울 것이다. 일본의 경우 혼외정사로 인한 출생률은 전후에는 대략 28% 이하에 머물렀다. 출생자의 절반이 혼외정사로 태어나는 스웨덴이나 프랑스, 세 명 중 한 명은 혼외정사로 태어나는 미국에 비하면 경이적으로 적은 숫자이다. 또한 신생아 4명 중 1명은 소위 '속도위반 결혼'으로 임신, 출산 시기를 결혼에 맞추고, 독신인 상태에서 출산하는 행동은 장려되지 않는다. 이러한 의미에서 일본 사회에서는 아직 낭만적 사랑 이데올로기 규범이 존재한다고 해도 좋을 것이다.

2) 낭만적 사랑과 '근대가족'

낭만적 사랑의 사고방식은 성별 역할 분업에 근거한 생산·재생산의 단위인 '근대가족'이라는 제도를 만들고 유지하는 데 최적화되어 있다. 그러나 이것은 본래 큰 모순을 안고 있었다. 지금부터 그 성립과정을 살펴보며 생각해보도록 하자.

3) 낭만적 사랑 이데올로기의 기원

낭만적 사랑 이데올로기의 기원은 '궁정에서의 연애'라는 설이 있다. 중세에는 기사가 귀부인에게 연정을 품는 것이 하나의 이상화된 연애 형태로서 간주되었다. 중요한 것은 기사의 연애 대상인 귀부인이 기혼 여성이었다는 점이다. 즉 낭만적 사랑 이데올로기의 기원을 살펴보면 '결혼'이 연애의 성취물이 아님을 알 수 있다.

드니 드 르쥬몽Denis de Rougemont의 『사랑에 관해서L'Amour et l'Occident』는 12세기 유럽에 출현한 기사와 기혼 귀부인과의 '궁정풍 연애'를 트리스탄과 이졸데의 이야기를 분석하며 고찰한 것이다. 결혼을 반드시 긍정하는 것은 아닌 기사도의 로맨스는 결혼을 비적秘籍으로까지 승화시키려는 그리스트교적인 사회윤리와는 분명 다른 것이었으며, 서로 대립되는 관계였다. 이 경우 결혼시 직접적으로 따라오는 콘시婚資[5]라든가 또 상

---

5) 신랑측 친척이 신부쪽 친척에게 보내는 (금전·소·낙타 등의) 금품을 말한다.*

속에 의해 토지를 획득하는 봉건제도의 관습에 대한 반동이었다. "우리들은 정열적인 연애가 결혼을 철저하게 부정하는 것을 인정하지 않을 수 없다"(Rougemont 1939=1993: 95). 르쥬몽은 낭만적 사랑 이데올로기라는 정열을 동방으로부터 수입된 것으로 생각하여 서구와 대립시키고 있다. 그 진위야 어찌 되었든 결혼과 로맨스가 원래 양립하지 않았다는 지적은 매우 흥미롭다고 생각할 수 있지 않을까?

4) 낭만적 사랑 이데올로기가 낳은 남녀의 비대칭성

그렇다고는 해도 낭만적 사랑 이데올로기 규범이 남성과 여성에게 똑같이 기능한 것은 아니었다. 예를 들어 인간해방의 시기로 생각되는 르네상스기에 몽테뉴는 『수상록Les Essais』(1580)을 저술하였는데, 그는 거기서 낭만적 사랑에 의한 연애와 집안이나 재산을 유지하기 위한 결혼은 따로 나누어 생각해야 한다고 주장하고 있다. 즉 결혼에는 연애라는 감정을 집어넣는 것이 금지되어야 하며 연애는 가정의 밖에서 처리되어야 한다고 생각한 것이다. 여기서 연애와 결혼은 일치하지 않으며 모순을 낳는 것이다.

이 낭만적 사랑이 가진 모순은 남성보다도 여성에게 더 크게 나타났다. 왜냐하면 결혼과 연애를 나눌 자격이 있는 인간은 남성에 한정되었기 때문이다. 결혼과 연애를 일치시키는 것은 겉보기에 지나지 않으며, 실제로 연애는 결혼 관계 밖에서 행해졌다. 이러한 분리는 '연애결혼'이 규범화된 사회에서 남편의 사랑을 받지 못하는 아내를 만들어냈다. 또한 연애의 대상이기는 해도 결혼에는 이를 수 없는 여성, 즉 결혼 관계 외의 여성, 성적 대상에 불과한 여성도 탄생시켰다.

남성은 이러한 여성을 성적 매력이 있다고 추켜 세우면서도 '창부'라고 경멸하였다. 또한 정절을 지키는 아내를 정숙貞淑하다고 칭찬하면서도 여성으로서 매력이 없다고 매도하였다. 즉 낭만적 사랑 이데올로기는 여성을 결혼 내의 주부와 결혼 외의 창부로 이분화한다는 점에서 태생적으로 모순을 지니고 있었다. 오직 남성만이 이 갈라진 여성의 사이를 자유롭게 오갈 수 있었다. 이처럼 여성과 남성이 서로 다른 규범을 적용받는 것을 이중규범Double Standard이라 부른다.

이처럼 성적 이중규범에 의해 남성에 의한 여성의 사용법이 나누어진 것은 예외적인 것이라 생각할지도 모르겠다. 낭만적 사랑 이데올로기가 본래 지닌 모순이 아니며 오히려 모든 인간이 낭만적 사랑 이데올로기를 잘 지켜 가정을 잘 유지한다면 불행한 아내도, 창부에 대한 경멸도 없어질 수 있다는 생각 말이다.

5) 낭만적 사랑 이데올로기의 모순

그러나 역시 모든 인간이 운명의 상대와 사랑에 빠져 결혼하고 관계를 가져 아이를 낳아 기른다는 낭만적 사랑 이데올로기 자체가 모순적인 것은 분명하다. 왜냐하면 창부가 경멸받는 것은 혼외정사를 하기 때문이며 모든 인간이 혼인해야 한다고 생각하게 된 것은 근대에 들어선 이후이기 때문이다[6]. 즉 낭만적 사랑 이데올로기의 특징에는 모든 인간이 결혼해

---

6) 영국의 빅토리아조는 일부일처제에 근거한 엄격한 성 도덕으로 알려져 있으나, 창부가 가장 번성했던 시기이기도 하다.

야 한다는 결혼의 규범화가 수반된다. 그러나 전근대에 결혼은 '특권'이었으며 혼외정사는 그다지 특별한 것이 아니었다.

또한 낭만적 사랑 이데올로기의 두 번째 특징으로 일대일 이성애의 특권화를 들 수 있다. 한 명의 남자와 한 명의 여자가 서로 사랑에 빠져 이어지는 것이 숭고하고 멋진 것이며, 그 이외의 관계는 무가치한 것이라고 비난받는 것이 그것이다.

6) 모두가 결혼해야 한다는 규범

중세의 낭만적 사랑은 기사와 귀부인이라는 한정된 계층에게만 허락된 것이었다. 그러나 근대의 낭만적 사랑은 모든 사람들에게 일어날 수 있는 일이라고 생각되어졌다.

예를 들어 일본의 중세에서는 어떠했는가? 후쿠토우 사나에服藤早苗는 『가족과 결혼의 역사』에서 중세에는 자신의 의지와 관계없이 신분이나 계층 때문에 결혼하지 않는 남녀가 다수 있었다는 것을 지적하고 있다(服藤: 1998). 오히려 결혼하여 아내라는 호칭을 얻은 여성들이 특권층이었다.

우선 신분이 높은 여성들의 대표라 할 수 있는 천황가에서는 어떠했는가? 천황은 한 명의 남성이 많은 아내를 두는 일부다처제의 전형이었기 때문에 많은 아이들이 태어났다. 어머니의 신분이 낮은 경우는 황족 일족으로부터 배제되었으며 높은 경우는 친왕親王이나 내친왕內親王이 되었으나, 그들은 인세이院政기 이후에는 대부분 결혼하는 경우가 없었다.

독신인 채 뇨인女院[7]이 되어 천황가의 재산을 지키는 경우도 있었으나, 천황 후계자 이외는 어렸을 때부터 승적에 올라가 승이나 비구니가 되었다. 또한 궁중이나 귀족 무사의 저택에서 일하는 이에뇨보우家女房나 쥬우샤從者 층도 독신이었다.

또한 이러한 높은 신분과 대비되는 하인 신분은 어떠했는가? 그들은 주인의 소유물로서, 빚 때문에 하인으로 전락하거나 남편이나 부친에 의해 팔린 아내나 아이들 혹은 그 자손들이다. 주인의 허가 없이 결혼하는 것은 불가능했으며 태어난 아이들은 남자인 경우는 남자 주인의, 여자인 경우는 여자 주인의 소유물이 되는 규정이 있었다. 그래도 결혼하지 않고 일생 독신으로 사는 사람이 많았다.

또한 10세기를 지나면서 화폐경제가 침투하여 '성'을 사고파는 성의 상품화가 시작되고 매매춘이 확대되었다.[8] 매매춘에 의지하는 유녀遊女들도 결혼하는 일은 없었다. 또한 지방을 떠도는 무녀나 구마노비구니熊野比丘尼[9] 등도 일생 독신으로 살았다.

이렇게 독신자가 대량으로 존재한 것은 에도 시대에 들어와서도 큰 변화가 없었다. 유럽 또한 마찬가지였다. 승적에 이름이 올라있거나 학문을 닦으며 일생을 독신으로 사는 사람들은 유럽에도 존재하고 있었다.

---

7) 삼후(태상태후, 황태후, 황후)나 그에 준하는 기준(준후, 내친왕 등)의 여성들에게 내려진 칭호. 헤이안 시대 중기부터 메이지 유신까지 계속되었다.*

8) 성을 사고파는 것에는 반드시 파는 사람과·사는 사람이 존재한다. 최근에는 파는 사람뿐만 아니라 사는 사람도 문제화 하기 때문에 '賣春'이라는 단어 대신에 '買春', 혹은 '賣買春'이라는 언어를 사용하는 경향이 있다.

9) 구마노 산잔(熊野三山)에 속한 여성 종교자를 가리키는 말.*

일본에서는 빈농의 차남, 삼남에게 결혼이 허락되지 않았던 것이 일본 '봉건제'의 특징으로 생각되고 있으나, 경지가 제한된 경우 특별한 것은 아니었다. 상속으로 경지의 분할을 막는 의미가 있었기 때문이다. 또한 상가商家의 경우, 상가에서 일하면서 독신으로 생애를 마친 사람들이 다수 존재했다.

메이지 시기 이후 이러한 사정이 일변하였다. 생애에 한 번은 운명의 상대가 나타나 누구나 결혼해야 한다는 생각이 출현한 것이다. 소위 '적령기'를 넘기면 '왜 결혼하지 않느냐'고 주위로부터 이야기를 들으며, 결혼하지 않는 이유를 필요로 하게 된 사회는, 역사를 둘러봐도 상당히 특별한 경우였다. 이것을 '재생산의 평등화'(落合 1994)로 생각할 것인지 '재생산의 의무화'로 생각할 것인지는 입장에 따라 다를 것이다.

7) 낭만적 사랑과 이성애 규범

근대사회에 들어오자 '남녀 한 쌍이 사랑에 빠져 결혼한다'는 이야기가 숭고하게 생각된 반면, 그 이외의 관계는 그다지 중요시되지 않았다. 우리들은 남녀의 일대일 관계를 당연한 것으로 자명하게 생각하지만, 역사를 돌아보면 결코 그렇지 않았다.

프랑스의 철학자 미셸 푸코Michel Foucault는 『성의 역사The History of Sexuality』에서 '가족'이 역사적인 존재인 것처럼, '섹스' 또한 역사적인 존재임을 분명히 하고 있다(Foucault 1976=1986, 1984a=1986, 1984b=1987). 예를 들어 고대 그리스에서는 성인 남자와 소년의 동성애 섹스가 이상화되었다. 릴리안 페더먼Lillian Fedaman의 『레즈비언의 역사』에 의하면, 19세기 미국에서는 여자들 간의 애정은 '낭만적인 우정'으로 인정받고 있었다. 이 우정은 때로는 성적인 관계도 포함하고 있었으며 신혼여행에 신부의 친구가 동행하는 일조차 있었다고 한다(Fedaman 1991=1996).

그러나 20세기에 들어오면 남녀 커플만이 '정상'적인 것으로 간주되어 그 이외의 관계, 생식과 관련 없는 관계는 '이상', '도착', '일탈'로 생각되었다. 여기에는 프로이트로 대표되는 성과학의 발달이 크게 연관되어 있다. 19세기 말부터 '정상'적인 일부일처의 이성애 커플 외에는 '이상'하다고 '과학'의 이름을 빌어 이야기되기 시작했다. '과학'은 열심히 인종이나 성, 계급의 차이를 사람들의 신체적 특징에 요구하였다. 우리들은 '과학'에 저항하기 어려우나, 과거의 과학적 지식을 기반으로 한 이야기들은 현재 우리들의 눈으로 보면 잘못된 것이 상당히 많다. 우리들은 뇌나 피나 호르몬이나 유전자에 의해 인간의 행동이 결정된다는 과학결정론을 의심할 필요가 있다. 미국에서는 1973년에 정신장애 판단 기준인 DSM-II[10]에서 동성애는 삭제되었으며, 국제보건기구WHO나 국제 정신의학회에서도 동성애를 '치료'의 대상에서 제외하였다.

8) 일본의 낭만적 사랑 이데올로기

일본에서 낭만적 사랑 이데올로기는 서구로부터 수입된 것으로 생각되고 있다. 전근대 성애性愛의 전형은 에도의 유곽에 있다고 생각되었다.

---

10) 정신질환 편람(Diagnostic and Statistical Manaul of Mental Disorder)을 가리키는 말.*

그러나 그것은 근대의 '연애'와는 다른 '호색'에 지나지 않았다.

메이지 20년대 중반에 '연애'라는 단어는 영어 Love의 번역어로 발명되어 퍼져 나갔다. 동시에 인격이라는 개념도 번역을 통해 확립되었다. 연애는 '근대적 자아'의 성립과 깊은 관계가 있다. '연애'라는 단어를 일약 확대시킨 것은 작가 기타무라 도우토쿠北村透谷였다. 그는『염세시가와 여성』에서 "연애는 세상人世의 비약秘鑰이며 연애가 있음으로써 다음 세상이 있으며, 연애가 없다면 인생을 사는 맛이 있을 것인가?"(北村 1892~1969)라고 말하였다. 즉 연애는 인생의 비밀 열쇠이며, 연애가 있음으로써 사람이 존재하며 연애가 없으면 인생은 아무런 맛이 없을 것이라고 역설한 것이다. 그러나 도우토쿠가 생각하는 '연애'는 결혼과 양립하지 않는다. "이상하게도 연애가 염세가를 눈부시게 하기 쉬운 것처럼, 혼인은 염세가를 실망시키기 매우 쉽다(北村 1982→ 1969)". 도우토쿠는 후에 자살하지만, 그것은 '근대적 자아'에 근거한 이상적 연애와 현실의 결혼이 만들어낸 모순을 견딜 수 없기 때문이었다. '연애'는 진정한 자신을 탐구하는 근대적 자아의 발로라고 생각되었다. 그러나 실제로 '연애'는 '근대가족'을 형성하는 것이었으며, 결혼과 생식은 한 세트가 되었고 '근대적 자아'와의 사이에는 긴장이 존재하였다.

이처럼 '연애'는 일본에서도 성립기부터 이미 모순을 낳고 있었다. 이 모순은 특히 여성에게 현저히 나타났다. 여성은 남성과 대등한 파트너가 될 것을 요구받는 한편, 가정에서 남편이나 아이들의 뒷바라지를 하는 것이 애정의 증거로서 요구되었기 때문에 많은 여성은 이 모순 때문에 상처 입었다. 이를 잘 보여주는 예로 타카무라 코우타로高村光太郎의 아내

치에코智恵子를 들 수 있다. 그녀는 전위 서양화가였음에도 불구하고 가정과의 양립을 고민하다가 미쳐버렸다는 것이 이를 현저하게 보여주는 예라 할 수 있을 것이다(黒沢 1985).

　'근대가족'을 형성하기 위한 낭만적 사랑 이데올로기는 다이쇼 시대에 중산계급을 중심으로 대중적으로 확대되었다. 특히 그 전까지는 문제시되지 않았던 여성의 '처녀성'이 요구되기 시작했으며, "여성이 한 번 남자와 접촉하면, 혈구에 변화가 일어나 이미 그 부인은 순결을 잃고 만다"(川村 1996: 123)는 '피의 순결'을 역설하는 과학적 언설도 이를 뒷받침했다.[11] 즉 성행위와 연결된 결혼은 생애에 한 번 뿐인 것으로 생각하게 된 것이다.

1960년대 연애결혼이 대중화되는 시기에 도쿄에 와다쿠라 다리 위에서　젊은이들이 애정을 나누고 있다(Andrew Gordon, *A Modern history of Japan*(Oxford, 2003), p. 258).

11) 이토 노에(伊藤野枝)가 이 '과학적 언설'을 인용하고 있다. 또한 기타무라 도우토쿠(北村透谷) 자신도 연애 뿐만 아니라 처녀에 천착하여 논고를 저술하고 있다.

낭만적 사랑 이데올로기는 특히 전후에 급속히 확대되어 1960년대에는 완전히 연애결혼이 중매결혼을 상회하게 된다. 중매결혼이 아니라 연애 후 결혼을 결정한다는 변화는, 일본 사회에서 서구화가 진전된 증거로서 환영받았다. 그러나 중매결혼이든 연애결혼이든, 결혼과 생식의 연결이 유지되었다는 것이 무엇을 의미하는지 생각해볼 필요가 있다.

6. 모자 간 인연의 규범=모성 이데올로기

'근대가족'을 형성하기 위해서는 낭만적 사랑 이데올로기만 필요한 것이 아니다. 어머니가 아이들을 사랑해야 한다는 모성 이데올로기도 큰 역할을 수행하였다.

1) 모성의 부재

'모성본능'이라는 단어가 있다. 모성은 여자가 태어날 때부터 지니고 있다는 사고방식이다. 그러나 엘리자베스 바댕테르Elisabeth Badinter의 『모성이라는 신화The Feminine Mystique』를 읽어본다면, 전근대 사람들이 아이들에게 냉담하게 대한 것에 놀랄 것이다(Badinter 1980=1991).

1780년 파리에서 태어난 2만 1천 명의 아이들 중 어머니에게 양육을 받은 것은 1,000명에 지나지 않는다. 다른 천 명은 집에 거주하는 유모가 양육했다. 나머지 1만 9천 명은 고용된 유모가 있는 곳에 맡겨져 보살핌을 받았다.

『모성이라는 신화』(Dell Dela-Corte Press, 1963)

아이들은 현재와 달리 사랑스러운 존재, 귀여움의 대상이라고 생각되지 않았다. 특히 상류 계급의 여성은 수유와 같은 '동물적인' 행위를 하는 것을 거절했다. 물론 갓난아이에게 애정을 쏟지 않았던 것은 당시 유아사망률이 높았던 것을 생각하면 이해할 수 있는 일이다. 그렇다고는 해도 아이들에 대한 무관심은 지금 우리들의 눈으로 보면 매우 놀랍다.

유럽뿐만 아니라 일본에서도 사정은 마찬가지였다. 고야마 시즈코小山靜子의 『양처현모라는 규범』에 의하면, 에도 시대에 여성에게 기대한 것은 건강한 아이를 낳는 것뿐이었으며 양육은 기대하지 않았다. 오히려 남자 아이의 처벌 등은 아버지에게 맡겨져 있었다. 우리들은 낙태나 영아 살해와 같은 관습을 빈곤과 연관지어 생각하지만 반드시 그것만이 원인은 아니었다(小山 1991).

2) 국민과 어머니

그러나 아이들과 모성을 둘러싼 관계는 유아가 장래 '국민'의 예비군이라는 것이 의식되기 시작하면서 변화하게 된다. 군대가 국가에 의해 전유되면서 국민은 부를 생산하는 것뿐만 아니라 나라의 군사력을 보증하게 되었다. 이러한 변화와 함께 유아에게 큰 관심이 기울게 되었으며 특히 어머니가 아이들을 보살피는 것이 규범화되었다.

이러한 변화에 따라 유모가 아이들을 기르는 것이 폐지되기 시작했다. 모유에 의한 육아 그리고 어머니에 의한 보살핌이 아이들에게 불가결한 것으로 생각되게 되었다. 그리고 이전에는 아이들이 죽어도 눈물을 흘리는 것이 이상하다고 생각되었지만 이제 아이들이 아이인 것 자체만으로 가치 있는 존재, 무엇과도 바꿀 수 없는 천사와 같다고 생각하게 되었다. 이러한 변화를 촉진한 하나의 원인은 장 자크 루소Jean-Jacques Rousseau 가 저술한 교육서 『에밀Emile』(1762)이었다. 여자들은 빠짐없이 루소가 말하는 '새로운' 어머니가 되려 했다. 여성들은 '어머니'라는 것을 열심히 배우기 시작하였는데, 이와 동시에 모성은 모유를 생산하는 어머니만이 가지는 '본능'이라는 생각이 이 시기에 출현하기 시작했다.

여자들은 왜 이 새로운 '어머니'라는 역할에 열광했는가? 바뎅테르는 두 가지 답을 제시하고 있다. (첫 번째는) 아이들의 교육을 담당하게 됨으로써 가족의 물질적 재산에 대한 권력과 아이들에 대한 권력을 증대시킬 수 있으며, (두 번째는) 집안의 재산과 인간에 대한 책임을 짐으로써 어머니는 가정의 중심축이 되어 '가정의 여왕'으로 군림할 수 있는 힘을 얻을 수 있기 때문이었다.

『에밀』(Basic Books, 1979)

3) 일본에서의 모성 규범 변천

일본에서 모성 이데올로기는 우선 '양처현모' 규범으로 나타났다. 양처현모 규범이란 에도 시대로부터 이어진 유교 규범이라고 간주되나 사실은 그렇지 않다. '양처현모'라는 단어도 '연애'라는 단어도 둘 다 메이지 시기에 들어와 만들어졌다. 1870년대에는 현모양처라고 이야기되었으며, 1890년대에는 양처현모라는 언어로 정착되었다. 이것은 가정을 지키며 남편을 돕고, 무엇보다도 다음 세대의 '국민'을 육성하는 어머니의 교육을 크게 중요시한 규범이었다. 이 양처현모 규범은 재봉이나 가사를 중심으로 한 교육, 남자에 비하면 낮은 수준의 교육을 선도하였으며, 여자에게도 장래의 국민을 기르는 의무가 있으므로 교육이 필요하다고 생각하여 여자 중등교육의 진흥, 보급에 큰 영향을 끼쳤다(小山 1991).

모성이라는 언어 자체는 20세기에 들어와 스웨덴의 평론가 엘렌 케이 Ellen Key의 영향을 받아 만들어졌다. 1918년부터 이듬해에 걸쳐 히라츠카 라이초平塚らいてう, 요사노 아키코与謝野晶子 등의 사이에서 모성주의

히라츠카 라이초(1886~1971)

논쟁이 발생했다. 케이의 저작『모성의 부흥The Renaissance of Motherhood』을 번역한 히라츠카 라이초는 여자는 어머니가 되는 것으로써 '사회적인, 국가적인 존재가 된다'고 주장하며 모성을 보호할 것을 요구하였다.

히라츠카는 "아이라는 것은 비록 자신이 낳은 아이라도 자신의 사유물이 아니라 그 사회의, 그 국가의 것입니다. 아이의 수나 질은 국가와 사회

의 진보적 발전, 혹은 장래의 운명과 지대한 관계가 있기 때문에 아이를 낳고 기르는 어머니의 일은 이미 개인적인 일이 아니라 사회적, 국가적인 일입니다…. 이것은 단지 아이를 낳아 기르는 것이 아니라 좋은 아이를 낳아 잘 기르는 이중의 의무라고 할 수 있습니다"(平塚 1918→ 香内 編 1984: 108)라고 이야기하였다. 이에 대해 요사노 아키코는 "나는 아이를 '물건'이라고도 '도구'라고도 생각하지 않습니다. 하나의 독립된 자아를 가진 인격자라고 생각합니다. 아이의 소유권은 아이 자신에게 있습니다."(与謝野 1918→ 香内編 1984: 188)라고 반론하였다. 그러나 시대는 히라츠카의 '모성'을 지지하였다. 당시 일본 사회에서 '모성'은 신선한 개념이었다.

니혼바시 히라키야에서 도쿄 유아심사회가 개최한 만 2세의 아동 오천 명이 참가하여 우량아 선발대회를 개최한 장면(1950년 10월 27일부터 5일간)

'모성'이라는 말이 일반화되는 1920년 전, 후반은 낭만적 사랑 이데올로기의 보급기와도 겹쳐 있다. 이 시기에는 한 집안이 남편의 급료만으로 살아가는 '가족임금'이 성립되고, 남편은 임금 노동, 아내는 가사라는 성별 역할 분업이 보급되었다. 모성 이데올로기도 '근대가족'에 적합한 규범이라고 할 수 있을 것이다. 다만 이후 히라츠카는 일본 최초의 부인단체인 신부인협회新婦人協會를 설립하고, 부인참정권 등과 함께 모성보호를 요구하나, 그 후 전쟁협력에 휩쓸렸다.

1920년 3월 신부인협회 창설 멤버(오른쪽 다섯 번째가 히라츠카 라이초)

전후에는 상황이 크게 변하여 '모성'은 전쟁을 부정하고 '평화'를 주장하는 근거가 되었다. 1945년에 비키니 환초의 수폭실험에 대해서 히라츠카는 수폭실험 반대를 호소하는 글을 국제민부련國際民婦連[12]에 보내

---

12) 국제민주부인연맹(國際民主婦人聯盟, WIDF).*

세계모친대회가 개최되는 계기
를 만들었다. 그 이후 '생명을
낳는 어머니는 생명을 기르고
생명을 지키는 것을 바랍니다'
라는 슬로건 아래 일본모친대
회는 계속 개최되고 있다.

모성에 관한 이데올로기가
다시 전환을 맞은 것은 1960년
대였다. 1961년 제1차 이케다
하야토池田勇人 내각의 '인재 육
성 정책人づくり政策'과 함께 '삼
세 아동 검진'이 시작되어, '3세

일본 중부 지방 동북부의 동해에 있을 니가타
현에서 있을 일본모친대회 광고 포스터(2012
년 8월 25~26일 2일간).

까지는 어머니의 손에서'라는 '삼세아신화'가 만들어지기 시작했다. NHK
텔레비전에서는 '삼세아三歳兒'라는 방송이 방영되어 여성들을 육아에 집
중시켰다. 70년대에 들어서도 어머니의 양육 방식이 원인이 되어 발생하
는 '보겐병母原病'[13] 등의 유행어와 함께 모성규범은 더욱 강화되었다.

1960년대는 일본이 고도 경제성장기에 돌입한 시기였다. 이 시기에는
일본의 경제성장을 지지하는 노동력에 시선이 집중되었다. 이 시기에 모
성 이데올로기가 강화된 것은 이러한 상황과 무관하지 않다. 낭만적 사
랑 이데올로기가 완전히 무너지지는 않았지만, 동요하는 것과는 대조적

---

13) 일본의 정신과의 규토쿠 시게모리(久徳重盛)가 1979년 발표한 정
　　신병의 개념으로 아동의 신체적, 정신적 병의 다수는 어머니가
　　아이를 대하는 방식에 원인이 있다는 주장이다.*

으로 모성 이데올로기를 부정하는 것은 상당히 어렵다. 다만 1980년대의 소비사회를 통하여 여러 가지 육아잡지, 육아 에세이나 만화가 출판되어 육아가 '즐거운 것'으로 레저화된 것은 부정할 수 없다. 아이들의 성별과 관련하여 여자 아이를 선호하는 경향이 나온 것도 이러한 레저화와 무관하지 않다. 여자 아이를 좋아하는 이유에는 남자 아이는 언젠가는 결혼상대(아내)의 것이 되어버려 '재미없으며', 여자 아이와 '즐겁게' 쇼핑 등을 즐기고 옷을 입히며 가까이 있어 주었으면 하는 바람이 있는 것이다. 모성은 괴로움과 자기희생으로부터 적극적인 즐거움, 자기실현으로 변화하였다. 그러나 지금의 여성들이 '즐거워야 할 육아를 즐거워하지 않는다'는 또 다른 압박을 받고 있는 것 또한 사실이다.

7. 가족의 집단성의 규범=가정 이데올로기

우선 가족이라는 용어의 변천으로부터 시작해보자. 가족이라는 단어가 아버지와 어머니 그리고 미혼의 아이들로 이루어진 집단을 가리키게 된 것은 구미의 경우에도 19세기에 들어선 이후였다. 그 이전에는 가족은 봉공인을 포함한 집단을 의미했다. 예를 들어 1600년의 용법에 "나는 엑스 야드에서 아내와 몸종 젠과 살고 있었다. 가족은 우리들 세 사람 이외에는 없었다"(Flandrin 1984=1993: 6)는 구절이 있다. 그렇다면 '가정'은 어떠한가?

1) 가정이란 무엇인가?

'가정Home'은 '가족'의 용법 중 특히 혈연관계가 있는 소집단적 의미를 강조한 표현이다. 일찍이 한 세대에는 봉공인이나 하숙인 등 피로 이어지지 않은 여러 비혈연자들이 포함되어 있었다. 이들 비혈연자들을 배제한 용법이 '가정'이다.

'가정'이라는 단어는 비혈연자들을 배제하고 혈연자들을 중심으로 한 사적 공간을 자율적인 것으로 생각하고, 모든 가족 구성원이 애정으로 뭉치는 것을 이상으로 한다는 점에서 그야말로 '근대가족'을 완성하는 이데올로기라고 해도 좋을 것이다.

2) 일본에서 '가정' 이데올로기의 변천

일본의 경우 '가정'이라는 단어 역시 메이지 시기에 들어와 확산된 번역어다. 가정이라는 단어는 원래 집의 뜰을 의미하는 중국어로부터 수입되어 근근이 사용되고 있었다. 그러나 19세기 말 계몽사상가 후쿠자와 유키치福沢諭吉 등이 발행한『가정총담家庭叢談』등의 잡지가 발행되어 홈 Home의 번역어로서 정착되었다. 1900년대에는『가정의 벗家庭之友』이나 『가정잡지家庭雜誌』등 '가정'이라는 단어가 붙은 잡지가 계속 발행되어 '가정'이 유행하게 되었다(牟田 1996). 가정이라는 단어에는 '홈, 스위트 홈Home, Sweet Home'이라는 이미지가 붙어 19세기의 구미, 특히 영국 중산계급의 '가정'을 이상적인 것으로 간주하였다.

이 '가정' 규범은 일본에서도 도시의 중산계급에 적극적으로 수용되었다. 그 때까지 죠추우女中[14]들이 했던 가사를 주부가 스스로 하게 되었으며, 남편의 급료로 어떻게든 살아가게 되었다(千本 1990). 그렇다고는 해도 당시의 인건비는 저렴했기 때문에 친족이 아닌 사람이 완전히 가족에서 사라진 것은 일본의 산업구조에서 농업이 차지하는 비중이 극적으로 감소하는 전후였다.

제2차 세계대전 후에는 전쟁을 일으킨 원인으로 전전의 가정이 거론되어 반성하는 분위기가 조성되었다. 그리고 밝고 민주적인 '가정'을 만드는 것이야말로 일본 사회가 평화로 향하는 길이라 생각되었다. 1960년대에 실시된 국세조사에서는 부부와 미혼의 아이들로 구성된 핵가족 세대가 증가했으며, 1983년에는 '핵가족'이 일약 유행어가 되었다. 일본의 고도 경제성장기에 사람들은 자가용, 컬러 텔레비전, 에어컨의 소위 '3C'라고 불린 전자제품을 소유하고 공단 주택에 사는 것을 동경하였다. 경제성장과 보조를 맞춰 자신들의 생활을 최우선시하게 된 것은 '마이홈My Home주의'라고 불렸으며, 이 단어도 유행어로 정착되었다.

3) '가정'이라는 단어가 지닌 의미

가족이 사이좋게 지내는 '가정'이란 정말로 이상적인 가족형태일까? 1979년에 오히라大平 수상이 제안하고 80년대에 도입된 일련의 정책은 '가정기반 충실'정책이라 불린다. 여기에서 제안된 정책은 배우자 공제의 철회나 샐러리맨의 아내만이 연금의 불입금을 내지 않아도 된다는 제

---

14) 가정, 여관 등에서 살며 일하는 여성을 가리키는 말. 근세 일본에서는 궁중, 무가의 저택이나 상가에 고용되어 접객이나 부엌일을 하는 여성들을 가리켰다.*

3호 피보험자 제도의 도입, 증여세 · 소득세의 배우자 특별 공제의 도입 등이 있다. 즉 '가정'은 여성이 전업주부로 집에 있음으로써 단란할 수 있는, '근대가족'의 이데올로기가 표현된 것으로 볼 수 있다.

최근 부부나 연인 간의 폭력이 가정 폭력Domestic Violence(DV)이나 데이트 폭력으로 문제화되고 있다. 2001년에는 배후자로부터의 폭력 방지 및 피해자의 보호에 관한 법률(폭력 방지법)이 시행되고 있다. 또한 예전에는 '훈육'이라는 명목으로 행해져 문제화되기 어려웠던 부모의 아동학대도 '학대'로서 비판받게 되었다.

이러한 예들은 모두가 사이좋아야 한다는 '가정'의 규범이 잘 작동하지 않아 발생한 문제인 것일까? 그렇지 않다. 반대로 '가정' 안에서는 모두 사이가 좋아야 하며, 그렇지 않은 '가정'은 있을 수 없다는 생각이야말로 '가정' 안에 실재하는 불평등이나 권력관계를 문제화 할 수 없게 만들었다. 만약 '가정'을 잘 유지하고 싶다면 역설적이기는 하지만, '가정'은 평화의 왕국이 아니라 많은 문제나 학대가 발생하는 장소라고 인정해야 하지 않을까? '가정'은 '현실'이 아니라 노력해야 할 '규범'에 지나지 않는다고 인정함으로써 ―물론 그 '현실'에서 생활하고 있는 사람도 있는 것은 사실이다― 사람들이 역할을 행하는 장소가 아니라, 커뮤니케이션을 통해 (가정을) 만들어 간다고 생각함으로써 각자의 '가정'이 보다 바람직한 것으로 발전할 수 있지 않을까?

그리고 모든 복지나 감정처리 기능을 '가정'에 전부 맡길 것이 아니라 문제가 '가정'의 능력을 뛰어넘는 경우 즉시 다른 시스템에 의뢰할 수 있는 사회를 만들어 '가정'을 사회에 개방하여, 비록 역설적이지만, 가정은

'친밀성'의 장으로서 그 지위를 점할 수 있게 되지 않을까? 사회나 지역이나 국가의 개입을 허락하지 않고 '가정'을 자율적인 영역으로 만드는 것이야말로 '자유'를 보장하는 것이라고 우리들은 생각해왔다. 특히 전후에 전전의 가족국가관을 비판하며, 민주적인 일본 사회를 만들기 위해 가족을 민주화하지 않으면 안 된다고 생각한 가와시마 다케요시川島武宜에게 가족이 권력으로부터 '자유'로워야 한다는 것은 중요한 과제였다.

그러나 '가족'이나 '가정'이 국가로부터 자립했다는 것도 환상에 지나지 않는다. '가족'은 원래 국민국가에 의해 만들어져 국가의 관리 단위로 기능했으며 국가와 무관한 곳에 존재하는 것이 아니다. 권력은 '가정'의 외부에만 있는 것이 아니라 내부에도 존재하고 있다. 이처럼 자명한 사실로부터 출발한다면, 보이는 모습 또한 크게 바뀔 것이다.

2장
시스템으로서의 근대가족

가족은 사회로부터 분리되어 독립된 공간으로 존재하는 것이 아니다. 우리들의 가족은 어떻게 이루어져 있는가? 얼핏 보면 우리들은 스스로 가족에 관한 것을 결정하고 있는 것처럼 보이지만 상상 이상으로 사회의 영향을 받고 있다.

첫 번째로 우리들의 상상력에 문제가 있다. 바람직한 '가족'상, '가족'은 이러한 것이라는 생각은 역사적 · 사회적 · 문화적으로 만들어졌다. 이와 같은 가족에 관한 '상식'을 의심해 보는 것은 상당히 어렵다. 왜냐하면 가족만큼 '당연한' 단어는 없기 때문이다.

두 번째로 사회적 · 제도적 문제가 있다. 우리들이 아무리 자유롭게 생각한다 하더라도 그것을 뒷받침하는 제도가 없으면 그림의 떡에 지나지 않는다. 이러한 제도라는 것은 법과 제도 등 일반적으로 사용되는 의미만이 아니다. 결혼은 혼인신고서를 제출하는 것으로 여러 가지 법제도를 따르게 된다. 그러나 본래 공적인 생활과는 관계가 없어야 할 가족생활을 이유로 다른 사람에게 악의에 찬 일을 당하거나 불이익을 받거나 —

실제로 이혼을 했다는 이유만으로 사업상의 계약을 거부당한 여성도 있다. 또한 남성이 이혼을 하여 기업 관리 능력을 의심받는 일은 역사적으로 일반적이었으며 독신, 특히 독신 여성에 대한 괴롭힘도 존재하고 있다─ 유형, 무형의 징벌Sanction을 받는다면 '제도'가 존재하고 있다고 말할 수 있을 것이다.

세 번째로 자원의 문제가 있다. 만약 제도가 존재한다 하더라도 그 제도를 유효하게 사용하는 것이 불가능하면 의미가 없다. 아이들을 돌보는 제도가 확립되어 있다 하더라도 그 비용을 조달할 수 없는 경우, 그 제도는 없는 것과 마찬가지다. 즉 금전이라는 화폐자원에 의하여 제도의 이용이 좌우되는 것이다. 가족의 형태는 이러한 가족 이외의 자원에 의존하고 있다. 물론 (집안을) 돌보는 일에 종사할 수 있는 인원 수 등 가족 내의 자원에 의해서도 가족은 큰 영향을 받는다. 이러한 자원은 가족 이외의 사회 시스템 ─단적으로 말하면 돈을 버는 곳은 가정의 밖이므로─ 에 의하여 정해진다.

본 장에서는 현대사회의 가족 시스템이 처한 상황에 대해 검토할 것이다. 가족과 이 시스템들은 어떠한 관계를 갖고 있는가? 여기에서는 국가 시스템, 시장 시스템, 교육 시스템에 대하여 논할 것이다. 그리고 현재 가족 시스템이 낳은 여러 문제를 다시 검토한 후 현재의 가족이 지닌 가능성, 또한 그것을 넘어선 가능성을 고찰해볼 것이다.

1. 가족과 사회

1) 교육 시스템

가족 시스템과 그 외 시스템의 관계를 검토하는 과정에서 교육 시스템을 가장 먼저 거론한 것을 이상하다고 생각할지 모르겠다. 그러나 가족과 교육은 밀접한 관계가 있다.

필립 아리에스Philippe Ariès는 『어린이의 탄생Centuries of Childhood: A Social History of Family Life』에서 '어린이'라는 존재가 만들어진 것이 근대 이후라는 것을 분명히 했다. 어린이의 존재는 '모성'의 탄생과 큰 관계가 있다. 전근대 사회에서 '아이'는 하찮은 존재라고 여겨졌다. 노동력에 도움이 되지 않는 아이들은 아무런 가치도 없었기 때문이다. 그들은 도움이 되지 않는 '작은 어른'에 지나지 않았으며 5~6세부터 일하기 시작했다. 실제로 당시 아이들의 그림을 보면 어른이 작아진 것과 같은 모습이 그려져 있으며, 현재 우리들의 눈으로 보면 이상한 기분이 들 것이다.

그런데 시간이 지남에 따라 어린이들은 노동력이 아니라 사랑스러운 존재라는 관점에서 다루어지게 되었다. 아이를 낳는 것은 일손이나 후사를 원해서가 아니라 아이들이 귀엽기 때문에, 양육 그 자체가 즐겁기 때문이라고 생각하게 되었다. 어린이를 그린 그림도 축척이 바뀌어 눈은 커지고, 사랑스럽게 묘사되었다. 어린이들은 때 묻지 않은 천사였으며, 아무것도 모르는 무구한 존재로 비춰지게 되었다. 그렇기 때문에 '백지' 상태로 태어난 아이들을 교육하여 '올바른' 방향으로 인도해야 한다고 생각하게 되었다. 어린이들을 일하게 하는 것은 당치도 않았으며, 어린이들은 어렸을 때 어머니에게 교육을 받아야 하며 학령기가 되면 학교에 수용되지 않으면 안 되었다.

이처럼 '모성'과 '어린이'와 '학교', 즉 '가족'과 '학교'는 동시에 탄생했다. 또한 '시장'과 '국민국가'도 동시에 탄생했다. 1장에서 서술한 것처럼 아이들에게 큰 관심이 기울여진 것은 어린이들이 국가의 군대를 뒷받침하는 장래의 재산이라고 생각했기 때문이다. 또한 국민의 '양'뿐만 아니라 '질'도 중요시 하였다. 교육에는 학교 교육과 가정 교육 양쪽이 모두 필요하다고 생각되었다.

어린이들은 군대의 예비군뿐만이 아니라, 노동자 예비군이기도 하였다. 이반 일리치Ivan Illich는 보수를 받지 않는 비시장적 노동과 관련하여 시장이 음지에서 담당하는 일에 '그림자 노동Shadow Work'이라는 이름을 붙였다(Illichi 1981=1990). 직장에 다니기 위해 만원 전차 출근을 감수하는 것은 임금에는 포함되지 않으나 필요한 '노동'이다. 마찬가지로 교실에서 참고 수업을 듣는 것과 시험을 보기 위해 공부하는 것도 임금에는 포함되지 않으나 장래 우수한 노동자가 되기 위하여 필요한 '노동'이다. 오히려 단조로움에 익숙해져 힘든 것을 참는 법을 배우는 것이 현재 교육의 기능 중 하나라고 말할 수 있을지도 모르겠다.

이러한 학교 교육을 뒷받침하고 있는 것이 가정 교육이다. 부모는 어린이들에게 초 · 중학교 교육을 받게 할 의무가 있다. 의무교육만이 아니라 고등학교, 대학 진학을 위한 비용 부담 그리고 기초 교육을 하는 것이 가정의 역할이다. 그리고 주로 여성들이 담당하게 되는 가정 교육과 세세한 배려가 있음으로써 학교 교육이 탄생하는 것이다.

또한 가족 시스템과 교육 시스템의 관계를 살펴보면 가족이 교육을 일방적으로 뒷받침하는 것이 아님을 알 수 있다. 가정에서도 교육 시스템을 통하여 여러 관계가 섞이게 된다. 예를 들어 학교에서 어린이들이 '위생'에 대하여 배움으로써, 어린이들을 매개로 하여 가족들에게 새로운 지식이 제공되는 경우가 있다. 특히 이민 가족의 경우 다언어를 사용하는 어린이들이 학교에서의 학습 사항이나 연락사항을 부모에게 번역해 전해주는 것으로 부모가 사회에 통합되어 가는 경우가 많다. 교육 시스템은 가족을 사회에 통합시키는 장치로서 기능하고 있는 것이다

2) 시장 시스템

시장 시스템과 가족 시스템은 밀접한 관련이 있다. 여기에서는 시장을 '노동력이나 상품이 교환되는 장소', 더욱 간단히 하자면 '일을 한 경우, 임금을 받는 곳'이라 생각하도록 하겠다. 우에노 치즈코上野千鶴子는 『가부장제와 자본제』에서 근대사회는 가부장제와 자본제로 이루어져 있다고 생각하였다. 가부장제의 영역이란 아버지나 남편이 권력을 가진 가족 시스템이며, 자본제의 영역이란 앞에서 서술한 시장 시스템을 뜻한다. 그녀는 이러한 가족 시스템과 시장 시스템이 서로의 시스템을 지탱하여 근대사회가 움직였다고 생각했다.[1]

시장 시스템 내부에서는 노동을 하여 임금을 얻을 수 있다. 그러나 가

---

1) 실제로는 근대 사회의 중요한 행위자로서, 시장과 가족 이외에 국가를 무시할 수 없다. 일본 사회에서도 최근 진행 중인 '시장지상주의'가, 실제로는 국가에 의한 규제완화 등 여러 가지 정책에 의하여 만들어지고 있는 것으로 보아서도 이것은 분명하다.

족 안에서는 아무리 일해도 임금을 받을 수 없다. 병든 사람의 간호를 하거나 어린이들을 상대하는 것과 같은 '노동'은 다른 사람에게 맡기면 높은 급료를 지불해야 하지만 가족, 특히 주부가 그 일을 할 경우, 그것은 '당연'하다고 생각되어 '노동'이라고 생각하지 않는다. 오히려 시장에서는 얻을 수 없다고 생각되는 애정 넘치고 세심한 배려가 요구된다. '가사 노동'은 임금을 받을 수 없는 노동인 '그림자 노동'의 대표적인 사례다.

실제로 이반 일리치가 만든 '그림자 노동'이라는 단어는 '가사 노동'이라는 개념에서 힌트를 얻은 것이다. 가사는 시장이 아닌 가족의 영역에서 이루어진다는 이유만으로 임금을 받을 수 없다. 경제기획청 경제연구소가 2009년에 발표한 무상 노동의 화폐평가에 대한 조사연구에 의하면, 여성은 1년간 화폐로 환산하면 약 1,860만 엔에 해당하는 가사 노동을 무상으로 행하고 있다.[2] 직업은 없고 배우자가 있는 (전업주부) 여성들의 무상 노동 평가액은 연령 평균 약 300만 엔이며 30대, 40대 전반의 전업주부에 한정하면 연간 400만 엔 이상의 노동을 하고 있으나, 이러한 노동에는 임금이 없다.

우에노는 이러한 무상 노동이 가족, 특히 남성에 의한 착취라고 생각하였다. 주부는 남편에게 안식을 주며 식사를 만들고 뒷바라지를 하는 것으로 다시 (남편이) 시장에 나갈 활력을 제공한다. 이것이 노동력의 재생산이다. 또한 아이들을 낳고 기르는 것으로 다음 세대의 노동력도 재생산하

---

2) 무상 노동을 행하기 위해 시장에 노동을 제공하는 것을 비교함으로써 잃어버린 임금(逸失利益)으로 무상 노동의 화폐평가액을 결정하는 기회비용법에 의해 산출한 경우. 이 방법은 누군가 무상 노동을 행함으로써 평가가 변하기 때문에 남녀의 임금 격차가 반영된다는 문제가 있다. 다른 평가추계를 위한 방법으로는 대체비용법(Specialist Approach, Generalist Approach) 등이 있다.

고 있다. 게다가 여성들은 노동 시장에서 일할 수 없게 된 부상자나 병자, 노인을 받아들여 돌보는 간호 노동에도 종사하고 있다.

여성의 노동이 가정에서만 보답받지 못하는 것은 아니다. 여성은 이러한 가사 노동을 담당하는 책임자, 즉 '주부'로 간주되기 때문에 시장에서 임금이 낮게 억제되는 경향이 있다. 언젠가는 결혼하여 가사를 책임지게 되고, 아이들을 낳아 육아에 대한 책임을 질 것이라고 예측되기 때문에 노동자로서는 '2류'라고 간주되어 버리는 것이다. 종업원 규모가 20명 이상인 기업에서도 여성의 임금은 대략 남성의 6할에 그치고 있다.

그리고 주 수입원인 남편이 있다는 이유로 주부의 주된 직장인 파트타임 시장에서도 임금이 적은 경향이 있다. 이것은 특히 1980년대에 진행된 전업주부 우대정책優遇政策의 영향이 컸다. 예를 들어 2000년대 전반에는 여성의 임금이 연간 70만 엔을 넘지 않으면, 남편의 수입으로부터 배우자 공제, 배우자 특별 공제를 합쳐 76만 엔이 공제되었다. 그러나 70만 엔을 넘는 시점에서 배우자 특별공제는 단계적으로 줄어든다. 또한 100만 엔을 넘긴 시점에서는 본인의 수입에 주민세가 부과되었으며[3], 103만 엔을 넘으면 본인의 소득에 소득세가 부과되는 동시에 남편이 배우자 특별공제도 받을 수 없게 되었다. 130만 엔을 넘으면 건강보험이나 연금 등의 보험료도 스스로 지불하지 않으면 안 되었다. 141만 엔을 넘으면 배우자 특별공제가 완전히 사라져버린다. 극단적인 사례를 들자면 141만 엔의 수익을 올리는 아내가 일하는 경우와 130만 엔 이내의 수입

---

3) 주민세를 균등 분할한 것의 비과세 한도액의 차이에 의해 100만 엔, 96만 5천 엔, 393만 엔 등 다르다.

에 그치는 경우 세대의 수입이 역전해버리는 것이 가능했다.

또한 기업의 다수는 배우자 급여를 임금제도로서 두고 있지만, 이것도 아내의 소득에 의하여 수급제한을 받는 곳이 많았다. 이러한 배우자 급여는 현재에는 폐지된 곳이 많으며, 배우자 특별공제의 추가분도 폐지되었다. 또한 민주당 정권 하에서 자녀 급여가 도입되면서 배우자 공제의 폐지 또한 검토되고 있으나, 그 향방은 불투명하다. 이러한 제도는 매우 큰 변화라 할 수 있는데, 그 결정에 여성이 가정에서 가사에 책임을 진다는 생각이 큰 영향을 미친 것은 틀림없다.

파트 타이머(비정규직/임시직)와 정사원의 격차는 유럽 등지에서는 상당히 개선되어 있다. 하지만 일본에서는 차별적 대우를 해소할 길이 아직 멀다고 지적되고 있다. 오히려 현재에는 남녀의 성별에 관계없이 정사원과 비정규사원의 대우 차이가 확대되는 경향이 있다. 헤이세이平成 13년(2001)도 내각부에서 제시한『가족과 생활방식에 관한 연구회 보고』에 의하면, 단과 대학을 졸업한 여성이 27세에 출산으로 퇴직하고 33세에 복직한다고 생각할 경우, 정사원의 경우 7,200만 엔, 파트타이머의 경우 1억 8,600만 엔의 수입을 잃게 된다는 계산이 나왔다.

이러한 주부의 상황과 달리, 많은 남성들은 아내에게 모든 가사를 맡긴다는 전제 하에 과중한 노동을 강제 받았다. 과도한 노동에 의한 과로사는 주부에 대한 시선이 낳은 현상이다. 또한 주로 남성만이 가계를 책임지는 경우에는, 기업 구조 조정 등에 의한 해고나 기타 불의의 상태에 매우 취약했다. 또한 남성의 정체성 자체도 가계의 지지자라는 것에 깊게 의존하고 있으므로 직장을 잃는 것은 금전적인 기반을 잃는 것만이 아니라 사회적인 지위를 잃는다는 상실감으로 이어졌다. 정리해고에 괴로워한 나머지 자살하는 이유에는, 일본에서는 자살한 경우에도 보험금이 지급되기 때문만이 아니며 위와 같은 상황도 있는 것이다.

　(남성들은) 한 가정의 가계를 지탱하기 위한 수입을 요구받기 때문에 직업을 찾을 수 없는 남성들, 저임금 파트타임 노동에 만족하고 있는 대부분의 여성들이 있음에도, 일부 남성들은 장시간 노동에 괴로워했다. 이러한 일본 사회 시장에서의 노동 불균형은 가정 내의 성별 역할 분업과 그것을 지탱하는 제도와 관련되어 있다.

3) 국가 시스템

　앞에서 본 것처럼 경제적인 시스템과 국가의 시스템은 밀접한 관련이 있다. 특히 사람들의 작업 방식이나 노동조건은 세제나 연금제도 등의 시스템에 의하여 크게 규정된다. 학교 교육도 국가에 의해 통제되고 있다. 이러한 사실을 생각하면 국가가 '중립'적 존재라는 말은 있을 수 없다. 국가는 가족을 통제하고, 특정의 가족형태를 선택한 사람에게 이익이 가도록 사회 시스템을 만들고 있다.

　국가에 의한 가족의 통제에는 어떠한 예가 있을까? 근대국가가 된 메이지 정부가 우선 행한 것은 낙태의 금지였다. 군인으로서 중요한 국민의 수를 늘리기 위한 것이었다. 전후 '우생보호법'이 제정되지만 이것은 장애가 있는 등 국민으로서 '우량'하지 않은 태아의 중절 허가가 목적이었다. 그러나 시간이 흘러 점차 경제적인 핍박을 받게 되면서, 가난하여 양육할 수 없다는 경제적 이유로 인한 중절이 인정되었다. 오늘날 낙태

죄가 존재하고 있는데도 중절이 행해지는 경우는 모성보호법에 존재하는 이 경제조항 때문이다.

이처럼 국가는 국민의 '양'과 '질'을 통제하려 하였으며 여성의 신체를 매개로 하여 가족에 개입하였다. 미국에서는 말기 암에 걸린 여성이 본인이나 가족의 의사가 무시된 채 재판소에 의해 제왕절개를 명령받아 6개월 된 태아와 함께 사망했다(Koontz 1992=1998: 187). 이것은 오래된 과거의 이야기가 아니고 1988년의 일이다. 한편 중국에서는 오랫동안 1자녀 정책이 취해져 가족은 아이의 수를 결정할 수 없었다. 제3세계에서 여성은 대규모 인구 정책이 행해져 제1세계에서는 금지되어 있는 피임약을 사용하거나 강제적으로 불임수술을 받았다.

특정한 가족형태를 우대하는 것에 관해 일본에서는 남편이 일하고 아내가 전업주부(저수입 파트타이머)인 경우, 두터운 보호를 받고 있다는 것을 앞에서 서술하였다. 그러나 세 쌍 중 한 쌍의 부부가 파경을 맞는 상황에서 이러한 시스템은 이혼을 통하여 여성을 곤경에 몰아넣게 된다.

싱글맘 세대는 반수 이상이 세금 포함 연 수입 100만~300만 엔 이내에서 생활하고 있다. 국민생활 기초조사에 의하면 2006년도의 이혼 모자 세대의 연간소득은 평균 211만 9천 엔이었다. 이혼 조정 시 남편으로부터 위자료나 양육비를 받고 있는 사람은 60%에 지나지 않았다. 약속한 양육비를 지불하는 남편은 실제로는 20% 정도였다. 이러한 와중에 아동부양 급여는 싱글맘의 동아줄로서 작용하였으나, 여성이 경제적으로 '자립'하는 것이 바람직하다는 이유로 2002년의 모자과부복지법의 개정에 의해, 아동부양급여를 5년 이상 수급해온 세대에는 2008년부터 지급액

이 최대 절반까지 줄어들었다.[4]

그러나 많은 싱글맘들은 파트타임을 '풀타임'으로 일하여 생활을 유지했다. 노동 시장의 개혁을 위해서는 전업주부만을 우대하는 제반 제도들을 바꿔 노동 시장을 유동화시켜, 남성 세대주에게 아내나 아이들의 몫을 포함한 '가족임금'을 주는 것이 아니라 어떠한 가족형태를 선택하더라도 노동자는 노동자 개인으로서 평가하는, 즉 싱글을 기본으로 한 사회 시스템의 형성이 필요하다. 그러나 많은 여성들이 전업주부를 전제로 한 사회 속에서 전업주부를 '선택'하고 있기 때문에 급격한 제도의 변경이 곤란한 것도 사실이다. 결혼이 파경을 맞지만 않는다면 전업주부는 '우대'받고 있었기 때문이다.

연금 하나만 보더라도 이혼에 의해 여성은 타격을 받았다. 연금은 부부단위로 생각되어 두 사람에게 지급되는 것이 전제로 되어 있었기 때문에 이혼한 여성은 남편에게 지급되는 후생 연금을 받을 권리를 잃고 말았다.[5] 파트타임으로 일한다 하더라도 파트타임 여성의 다수는 후생연금에 가입되어 있지 않기 때문에 국민연금을 받을 수밖에 없다.

또한 이 국민연금 시스템도 불공평하다고 지적받아 왔다. 샐러리맨의 아내이자 전업주부의 연금(제3호피보험자)은 후생연금이 모두 부담하며, 샐러리맨의 아내이자 130만 엔 이하의 수입밖에 올리지 못하는 자는

---

4) 그러나 수급자가 신청하면 '5년 등 경과자 일부 지급정지'의 적용 제외가 되는 정령 개정이 2007년에 행해졌다.

5) 2007년부터 이혼 시 노령후생연금의 분할이 가능해졌다. 세대 단위로부터 가족 개인 단위로 여러 제도가 변경되었다. 이것은 바람직한 변화이나 이혼 후 빈곤을 국가나 지자체 등 공공 제도에 의지하기보다는 부부라는 사적인 영역에서 해결하는 것을 촉진한다는 의미에서는 신자유주의적인 정책이라는 측면도 있다.

보험료를 낼 필요가 없기 때문이다. 결과적으로 자영업자의 아내나 일을 하는 여성만이 (요금을) 부담하게 되었다.[6]

또한 같은 싱글맘 세대 중에도 제도적인 차별이 있다. 예를 들어 남편과 이별하거나 사별한 경우 과부공제로 연수입 중 27만 엔에서 35만 엔이 소득세로부터 공제되고 있다. 그러나 처음부터 이혼하지 않은 미혼 싱글맘에 대해서는 같은 상황인데도 과부공제는 적용되지 않는다.

이처럼 국가는 특정한 가족형태를 기본으로 하여 사회를 만들고 있다. 젠더 구조도 그러한 시스템 속에서 재생산되고 있다. 예를 들어 프랑스의 교육사회학자 마리 뒤뤼 벨라Marie Duru Bellat는 『여인학교』라는 책에서 현행 제도를 전제로 한다면 성별 역할 분업을 선택하는 것이 개인에게는 '합리적'인 선택이며 (이로 인하여) 같은 제도가 재생산된다는 것을 분명히 하고 있다. 즉 현재에는 '여자 아이는 어차피 결혼할 테니까'라고 생각하며 딸에게는 학업성적을 기대하고 있지 않다. 열심히 공부하는 것보다도 교양을 배워 아내로서 어머니로서 부끄럽지 않도록 교육받는 것을 기대하고 있다. 성공의 가능성이 적은 이과 계열에 진학해 남성들과의 경쟁 속에서 전문직을 목표로 하는 것보다 '아가씨 학교お嬢さん學校'에 진학하여 남성에게 적합한 결혼 상대가 되는 것을 목표로 하는 것이 '합리적'이라는 것이다. 언제가 됐든 여성들은 결국 결혼하여 아내나 어머니로서 가정에 책임을 지게 되는 것을 염두에 두고 행동한다. 여성의 임금은 노동 시장에서는 낮게 억제되어 가정과의 양립은 배려되고 있지 않

---

6) 다만 국민연금은 소액이기 때문에, 확실하게 스스로 후생연금을 거는 쪽이 '이득'이라는 판단도 있을 수 있다.

기 때문에 결혼한 후에는 사교를 통해 남편의 네트워크를 뒷받침하고 어머니로서 지식을 발휘하여 아이들을 키우고, 결국은 같은 구조가 재생산되는 결과를 낳게 되는 것이다(Duru Bellat 1990=1993).

이들 제도는 특히 1990년대부터 변화하고 있다. 그러나 가족이 국가와 시장이나 학교라는 시스템과 깊은 연관이 있다는 사실에는 변함이 없다. 어떤 제도가 '공정'한 제도인가? 가족 시스템 내부의 개혁뿐만 아니라 가족이나 국가나 시장이라는 시스템을 재편할 때에도 이 점에 대해 분명히 다루어야 할 것이다.

2. '가족'으로부터의 해방

이상의 사실로부터, 우리들이 알고 있는 '가족'은 교육 시스템, 시장 시스템, 국가 시스템 등의 다른 시스템과 밀접한 관련이 있다는 것을 알 수 있었으리라 생각한다. 결국 '가족'을 생각할 때에는 다른 사회 시스템을 생각하지 않을 수 없는 것이다.

여기에서는 '가족'으로부터의 해방에 대해 생각해보고 싶다. 자신은 현상태에 만족하고 있는데 왜 해방되어야 하는지 생각할지도 모르겠다. '가족'이 없어진다면 큰 일이 아닌가?라고.

그러나 잠시 기다려주기 바란다. '가족'에는 따옴표가 붙어 있다. 이것은 '그렇지 않으면 안 되는 가족', '당연하다고 생각되는 가족', 즉 1장에서 검토한 '근대가족'의 '규범'을 의미하고 있다. 특정한 생활방식을 취하지 않으면 명백히 손해를 보는 사회, 차별되는 사회, 골치 아픈 문제에 휩쓸리는 사회는 불평등하다고 하지 않을 수 없을 것이다. 현재 '가족'이 지닌 문제에 대해 생각해보자.

1) 생식의료와 '가족'

결혼하여 '가족'을 만드는 목적의 하나는 아마도 아이를 만들기 위해서일 것이다. 결혼하지 않고 아이를 낳아도 좋으나, 일본의 혼외 출산율은 1장에서도 언급한 것처럼 28% 정도이다. 많은 사람들은 가족의 틀 내에서 아이를 낳고 있다(보다 정확히 말하면, '속도위반 결혼'은 반대로 결혼 전에 아이가 생겼기 때문에 결혼하는 것이다. 이러한 계층은 젊은 세대일수록 더 두텁게 나타난다).

근래 십수 년간, 아이를 적게 낳는 것에 대한 우려의 목소리가 높으나, 실제로 부부들이 아이를 낳고 싶어 하지 않게 된 것은 아니다. 결혼한 커플이 평균 두 명의 아이를 낳아 키워야 한다는 규범은 변함없이 강력하다. 결혼한 지 15년에서 19년이 된 부부가 출산하는 아이의 수인 완결출산아 수는, 줄기는 했어도 2005년에 2.09명이었다(국립사회보장, 인구문제연구소 2005). 소자화少子化의 원인은 모두가 결혼하고 싶지 않게 된 것, 즉 미혼화이다. 일본 사회에는 지금까지 결혼하여 아이를 낳을 것인가, 결혼하지 않고 아이를 가지지 않을 것인가의 두 가지 선택지밖에 없었다고 봐도 좋을 것이다.[7]

---

7) 다만 이혼지속 연간 15년으로부터 19년의 부부이며 아이를 가지지 않은 비율은 종래 3%대였는데, 2005년에 처음으로 5.6%로 급격하게 증가하였다(국립사회보장 인구문제연구소 2005).

임신이 가능한 연령대의 남녀가 일반적인 성생활을 영위하고 있음에도 불구하고 1년이 지나도 임신되지 않는 경우, 의학적으로는 '불임'이라 부르고 있다. 이 정의에 의하면 10쌍 중 1쌍 이상의 커플이 불임이라 인정받는다. 우리들은 아이는 원한다면 언제라도 가질 수 있다고 생각한다. '가족계획'이라는 언어가 있는 것처럼 임신, 출산은 스스로 계획하여 결정할 수 있다고 생각하고 있다. 그러나 피임이 완벽하게 이루어질 수 없는 것 이상으로, 원한다고 하여 임신할 수 있는 것은 아니다. 이것은 결혼 연령이 상승한 점 그리고 결혼해도 바로 아이를 만들지 않는 사람들이 증가하고 있는 점과도 관계가 있다. 사실 20대 전반 여성의 출산 수보다도 30대 후반 여성의 출산 수가 훨씬 많다.

2005년도의 일본산과부인과학회 윤리위원회 내 등록조사소위원회 보고에 의하면, 2004년도에 체외수정이나 현미顯微수정과 같은 난자와 정자를 체외에서 수정시키는 기술에 의하여 태어난 아이는 18,168명이며, 그 해 총출산의 1.6%라고 한다. 65명 중 1명이 생식보조의료기술에 의하여 태어났다는 계산이 나온다.

불임 치료기술의 진보에 의해 생식 과정이 분리되면서 '가족'의 개념 자체가 흔들리게 되었다. 인공생식은 배우자와 행해지는 것만이 아니라 남편 이외 비배우자의 정자를 이용하는 경우도 있다. 이 경우 법률상 아버지와 정자의 제공자인 생물학적 아버지가 달라진다. 또한 체외수정에는 제3자의 난자나 정자를 사용하여 아내가 출산하거나, 불임부부의 수정란을 제3의 여성이 대리모가 되어 출산하거나 또한 대리모에게 난자를 제공받아 출산하는 경우도 있다.

이렇게 수정과 임신과 출산이 따로따로 분리되어 생물학적인 어머니, 출산하는 어머니, 법률상의 어머니, 사회적인 어머니가 또한 생물학적인 아버지, 법률상의 아버지, 사회적인 아버지가 일치하지 않는 경우가 나타났다. 이것이 문제가 된 최초의 유명한 사건이 베이비-M 사건이다. 이 사건은 불임인 아내 대신 대리모가 본인의 난자와 남편의 정자를 사용하여 아이를 출산하는 계약에 (부부와 대리모가) 동의하였으나 출산 후 아이의 인도를 거절하여 재판으로 이어진 경우다.

생식기술의 진보는 이전에는 생각할 수 없었던 '가족' 개념의 혼란을 야기하고 있다. 딸의 난자를 사용하여 어머니가 아이를 대리출산하거나, 자매로부터 난자를 받아 자신이 아이를 출산하는 등의 경우가 일본에서 이미 행해지고 있다. 이 경우 자신이 낳았다는 점에서는 어머니라고 할 수 있지만 생물학적으로는 할머니이기도 하며, 또한 자신이 낳은 아이가 생물학적으로는 사촌이 되어 친족 범주가 중복되는 경우도 발생한다.

현재의 민법은 이러한 사태를 상정하고 있지 않다. 우선 출산한 사람이 어머니라고 정해져 있다. 따라서 다른 사람의 난자를 받아 아이를 낳은 경우 유전자상으로는 다른 사람의 아이라도 법률상으로는 부모가 되지만, 자신의 난자를 제공하여 출산을 의뢰한 경우에는 분만한 여성이 (법적으로) 어머니가 된다.[8] 또한 사망한 남편의 정자를 이용한 냉동수정란에 의해 임신한 경우, 남편이 출산한 아이의 법률상의 아버지가 되는 것은 불가능하다. 이혼 후 300일 이내에 태어난 아이를 전 남편의 아

---

8) 2009년에는 어머니에게 대리출산을 하여 태어난 아이가, 유전자
   상의 어머니인 딸 부부의 특별양자가 되는 것이 재판소에서 인정
   되었다.

이로 추정하는 적출 추정 역시, 기술이 진보하여 DNA 감정에 의하여 친자관계를 추정하는 것이 용이하게 된 현실과 법률이 맞지 않게 되었다. 생식 기술의 진보는 복잡한 문제를 야기하고 있다.

또한 생식의료가 사업으로 성립되고 있기 때문에 여러 가지 윤리적인 문제가 발생하고 있다. 정자나 난자를 사고팔거나, 자궁을 대여해 주는 것은 옳은 것인가? 여기에서 금전의 수수가 발생하는 것을 어떻게 생각할 것인가? 또한 건강피해의 문제도 있다. 기대한 것처럼 아이가 태어나지 않았을 경우 어떻게 해야 하는가? 아이를 '디자인'하는 것은 허락될 수 있는가? 알지 못하는 사이에 많은 생물학적 형제가 태어나도 괜찮은 것인가 등등. 또한 아이가 태어나 사춘기가 되어 '진짜' 부모를 알고 싶다고 정체성의 위기에 빠지게 된다면 어떻게 대처해야 하는가?

더욱이 냉동난자나 정자, 수정란의 관리가 어렵다는 문제도 있다. 죽은 남편이나 아내의 아이를 낳는 것도 이론상으로는 가능하다. 극단적으로 말하면 양친이 모두 사망했음에도 아이가 태어날 수도 있다. 또한 이들 난자나 정자나 수정란은 인간인가, 그렇지 않은가? 수정란을 폐기하는 것은 어떤 의미를 가지는가? 실험에 사용하는 것은 허용될 수 있는가 등 윤리상의 문제도 존재하고 있다.

생식기술의 발전은 우리들에게 '가족'이란 무엇인가에 대한 근본적인 문제를 제시하고 있다.

2) 운명으로서의 '가족' 불평등

'혹시 다른 집에 태어났다면'이라고 마음 속으로 불평하거나 부모에게 나쁜 모습을 보이는 사람들이 있을 것이다. 그런 것을 생각해본 적도 없다고 말하는 사람은 매우 행운아다. 실제로는 '혹시'라고 상상해 보지만 거기에 양심의 가책을 느끼거나 공공연하게는 말하지 못하겠다고 생각하며, '역시 (누가) 뭐라 해도 가족은 가족이다'라고 납득하거나(하려거나) 한다. 이것이 대부분의 사람이 한 번 쯤 가지는 가족 경험일 것이다.

인간이 어느 가족에 소속되는가는 운명이라고밖에 말할 수 없다. 부모를 선택하는 것은 불가능하다. 가족은 그 사람에게 재능이 있다든가, 혹은 부자이기 때문에 사랑하는 것이 아니다. 다른 사람이 보면 어쩔 도리가 없는 인간임에도, 그 사람이라는 자체만으로 사랑받는다. 그것이 '가족'이라는 것… 이라는 믿음이 적게나마 공유되고 있다. 그러나 '혹시 다른 집안에 태어났다면'이라는 질문은 그렇게 잘못된 것일까?

근대 사회는 사유재산제를 취하고 있다. 이 제도에 근거하면 부모의 재산은 아이들에게 상속된다. 부모로부터 얼마나 재산을 상속받을 수 있느냐, 어느 가족에 태어났느냐는 어떤 의미에서는 결정되어 있다. 그러나 그것뿐만이 아니다.

피에르 부르디외Pierre Bourdieu는 『재생산La Reproduction: éléments d'une théorie du système d'enseignement』에서 사회계층이나 사회구조의 '재생산' 메커니즘을 풀어내며, 그 때 경제자본뿐만 아니라, 문화자본이 관련되어 있다고 생각하였다(Bourdieu & Passeron 1970=1991). 경제자본이라는 것은 일반적으로 이야기되는 금전적인 자원이며, 문화자본이라는 것은 자라는 과정에서 몸에 밴 교양과 같은 것이다. 높은 문화자본을 가진 아이들은 학교에서 선별 작업을 잘 할 수 있다. 결과적으로 높은 문화자본을 소유한 아이는 부모와 동일하게 높은 계층에 도달하는 구조가 만들어 진다. 이렇게 생각하면 아무리 직접적으로 유산을 상속받지 못하더라도 어떤 가족에게서 태어났느냐에 의해 간접적으로 부모로부터 유산을 상속받고 있는 것이다.

가족은 태어나 최초로 속하게 되는 집단이다. 그리고 사실상 그 집단은 주위로부터 폐쇄되어 있다. 가족은 다른 시스템으로부터 분리되어 사적인 영역으로 존재하고 있기 때문이다. 1장에서도 서술했지만, 이것이 부부 사이에 폭력을 행사하게 되는 하나의 조건이 되었다. 부모와 자식 관계도 마찬가지다. 가족관계가 가혹하다 하더라도 아이들은 아무런 선택의 여지없이 그 관계 속에 던져진다.

'학대의 연쇄'라는 단어가 있다. 학대받으며 자란 아이가 부모가 되었을 때 자신도 (아이를) 학대한다는 것을 뜻하는 것이 아니다(이것은 편견이다). 다만 학대하는 부모측이 자기 자신도 학대의 피해자로 삼는 경우는 많다는 것이다. 그렇다고 하여 신체적·육체적인 폭력은 정당화할 수 없지만, 사람은 사랑하는 방법, 의사소통하는 방법을 부모로부터 배운다. 물론 사람은 가족뿐만 아니라 지역이나 학교, 친족집단 등 다양한 친구나 어른과 만나므로, 어떠한 부모를 만났느냐에 따라 아이의 인격이 결정된다는 것은 잘못된 것이다. 부모의 역할을 하는 것이 반드시 생물학 상의 부모만이라 할 수는 없다. 그러나 형제수가 줄고, 친족 네트워크가 쇠퇴하고 있는 현재, 부모의 비중이 높은 것은 부정하기 어렵다. 불평등의 문제는 계급이나 계층의 문제로 다루어졌으나, 우리들은 거기에 '가족'의 문제로 다룰 틀을 만들어둘 필요가 있다.

3) '가족'을 만드는 '권리'

우리들은 어떠한 가족에서 태어날지 결정할 수 없을 뿐만 아니라, '가족'을 만들고 싶어도 좀처럼 만들 수 없는 사람도 있다.

우선 외국인의 경우 일본인 남성과 외국인 여성의 경우에는 비교적 쉽게 여성이 일본 내에 체재할 수 있도록 허가가 내려진다. 그러나 외국인 남성과 일본인 여성의 경우, 특히 남성이 '발전도상국' 출신자인 경우에는 체재 허가가 떨어질 때까지 몇 년이 걸리는 경우도 드물지 않다. 또한 이혼한 경우, 아이가 있더라도 외국인의 체재 허가가 말소되는 경우도 있다. 또한 이혼하면 일본에 살 수 없게 될 수 있다는 두려움 때문에, 폭력적이고 불평등한 관계를 참고 지내는 외국인, 특히 외국인 여성이 많다.

외국인 동성커플인 경우에는 더욱 사정이 곤란하다. 우리들은 한 사람의 남자와 여자의 조합이 옳다는 '강제적 이성애'의 세계에 살고 있으며, 일본에서는 동성애자들의 결혼은 인정되지 않고 있기 때문이다. 동성애자의 결혼이 인정되는 나라나 주州는 많다. 또한 프랑스처럼 결혼에 준하는 시민연대협약PACS을 체결하는 나라도 있다. 법률혼을 하지 않아도 PACS를 체결한 두 사람은 공동납세자가 되어 서로 경제적으로 도와 2년이 지나면 조건 하에 법률상 부부와 마찬가지로 증여세나 상속세의 경감도 가능하다. 말하자면 결혼 전에 보장되는 동거와도 같은 것인데, 남녀 간에만 한정되어 있지 않다는 것이 특징이다.

그러나 '가족'이라는 제도가 여러 가지 차별이나 부자유스러움을 유발한다면, 결혼의 범위를 이성애 커플로부터 동성애 커플로까지 확대하여

'결혼'에 준하는 제도를 만드는 것은, 커플주의를 강화하고 결과적으로 '가족'이라는 규범을 굳건히 하는 결과를 초래하지는 않을까? 동성애자 사이에도 의견의 일치를 보고 있는 것은 아니다. 결혼 제도에 말려든다 하여 그것을 거부하는 목소리도 있다. 그러나 선택의 자유는 선택지가 주어져야 비로소 빛을 발할 수 있는 것이다. 친밀한 상대의 나라에 체재 할 권리, 재산을 함께 할 권리, 상속할 권리(공동명의로 된 주택의 대부 금을 지불할 수 없다거나, 상대가 죽은 다음 바로 동거하고 있던 집에서 쫓겨난다면 곤란하다), 상대가 병에 걸렸을 때 치료방침을 설명받거나 면회하는 등 친족에 준하는 대접을 받을 권리는 누구에게나 보장될 필요 가 있다. 이것을 '결혼'이라고 부를지 말지, 어떻게 그 '권리'를 보장해갈 것인지, 그 '권리'의 행사와 시민권은 어떤 관계가 있는지, '권리'를 행사 하지 않을 '권리'는 어떻게 존재하는지 등과 같은 문제를 항상 음미하고 생각하면서 계속 실천해갈 수밖에 없다.

'결혼한 다음에야 한 사람 몫을 할 수 있다'는 가치관이 존재하는 우리 사회에서, 예를 들어 간호가 필요한 장애자가 결혼하지 말아야 한다는 반대의 목소리가 많다. '가족'에 의한 간호가 당연하다고 생각되고 있기 때문에, 장애자와 결혼하게 되어 얻게 될 부담을 걱정하는 경우도 있다. 또한 '결혼한 다음에야 한 사람 몫을 할 수 있다'는 것과 같은 가치관 때문에, 과하게 '결혼'이나 '가족'에 동일화되는 꿈을 가지게 하여, 거기에 존재하는 권력관계를 보기 어렵게 되는 경우도 지적되고 있다(安積 1999).

'가족'은 특정한 관계만으로 특별한 배려를 요구하는 제도다. '결혼한 남녀가 아이를 가지고(때로 조부모와 동거하며), 남편이 일을 해 돈을 벌고 아내가 가사 노동을 하는 가족'만이 '보통의 가족'이며, 그 이외의 생활방식을 선택하는 사람들을 억압하는 제도라고도 말할 수 있다. 그러나 그 제도에 들어가는 것조차 허락되지 않은 사람들이 있는 것은 별개의 문제다. 누구에게나 친밀한 사람과 생활을 함께 하고 싶은 권리를 확립하고, 어떠한 생활방식이라도 불이익을 받지 않는 사회제도의 구축이 요구되고 있다. 구체적으로는 세금이나 연금에 의한 특정 생활방식의 우대를 폐지하여 이들 제도를 싱글 단위로 하거나, 가사나 육아, 간호 서비스의 충실, 특히 아이들이나 노인, 장애인 등 특별한 돌봄을 필요로 하는 사람들을 위한, 혹은 돌보는 사람을 돕는 서비스를 제공하는 것 등이 있을 것이다. 이러한 제도를 구축해간다면 유일하게 옳은 '가족'의 모습은 어떻게 변화해 갈 것인가? 그것은 우리들 손에 달려 있다.

3장
일본형 근대가족의 변용

지금까지 근대가족의 규범이 어떻게 성립해왔는지, 시스템으로서의 근대가족이 근대사회에서 다른 사회 시스템과 어떠한 관계를 가졌는지 개관해왔다. 이 장에서는 '일본형 근대가족의 변용'에 대하여 검토해보도록 하겠다. 먼저 '근대가족'이란 무엇인지, 두 번째로는 '일본형' 근대가족이란 무엇인지, 세 번째로는 근대가족은 어떠한 '변용'을 거치고 있는지 이 세 가지를 분명히 하도록 하겠다.

1. 근대가족이란 무엇인가

1장에서 쇼터, 야마다 마사히로, 오치아이 에미코, 니시카와 유우코 등 다양한 논자들의 '근대가족'에 대한 정의를 소개하였다.[1] 이들 근대가족의

---

1) 오치아이 에미코(落合惠美子)에 의한 근대가족 특징의 여덟 항목은 1장(본서 12항)에 소개하였으나 오치아이 본인은 이 여덟 항목은 '정의'가 아니라 '특징'을 제시한 것에 지나지 않는다고 서술하고 있다(落合 1996:26).

정의는 논자의 수만큼이나 존재할 것이다. 예를 들어 로렌스 스톤Lawrence Stone은 『가족, 성, 결혼의 사회사— 1500년~1800년의 영국Family, Sex and Marriage in England 1500-1800』에서 근대가족의 특징으로서 근린관계와 혈연관계를 희생한 가족의 핵심을 중심으로 강렬한 애정적 유대가 있는 점, 행복을 추구하는 개인의 자유에 대하여 강한 개인적 자율성과 권리의 감각이 있는 점, 성적 쾌락과 원죄, 혹은 죄의식의 연결이 약했던 점, 신체적 프라이버시에 대한 바람이 컸다는 점 등의 4가지를 거론하고 있다(Stone 1977→ 1979=1991: 3~4). 또한 오치아이 에미코는 『21세기 가족으로— 가족의 전후체제를 보는 법/ 넘어서는 방법(1994)에서 근대가족의 특징을 여성의 주부화, 4인 가족화二人っ子化, 인구학적 이행기의 핵가족화의 세 가지로 변경하고 있다.

여기에서 이와 같은 여러 가지 논자들의 '근대가족'의 정의를 소개하고 정의를 쌓아간다 해도 그다지 유익할 것이라고는 생각하지 않는다. 왜냐하면 사회학에서 개념이란 대상에 보다 접근하여 잘라내기 위한 '도구'에 지나지 않으며, 근대가족을 어떻게 정의하는 것이 좋으냐는 문제는 논자가 어느 문제에 관심을 가져 가족의 무엇을 어떻게 보고 싶은가에 따라 당연히 변하기 때문이다.

개인적으로는 니시카와 유우코의 '국민국가 단위'라는 간단한 정의가 자신의 문제의식과 관심영역에 가장 가깝다고 생각한다. 왜냐하면 2장에서 개관한 것처럼 근대가족이라는 시스템이 근대사회의 다른 시스템, 국민국가나 시장이나 학교라는 시스템과 동시에 상호 관계를 만들어낸 것이 중요하다고 생각하기 때문이다. '근대가족'이라는 개념은 우리들에게 익숙한 가족이라는 것이 '근대'라는 특정 시대에 만들어진 역사적 존재라는 것을 명확히 하는 것뿐만 아니라, 가족 이외의 '근대' 사회 시스템과 '근대' 국가가 어떠한 관계가 있는지를 분명히 하는 실마리를 마련해 주었다. 왜냐하면 특히 가족사회학에서 가족은 '자연'스러운 '감정'에 근거한 '집단'이라고 생각되어 '가족집단' 그 자체가 단독으로 고찰의 대상이었기 때문에, 다른 사회 시스템과 어떠한 관계를 가지고 있는지에 대해서는 그다지 문제시되지 않았기 때문이다.

여기서는 잠정적으로 근대가족을 '정치적·경제적 단위인 사적 영역이며, 남편이 수입원이며 아내가 가사의 책임을 갖는다는 성별 역할 분업이 성립하고 있고, 어떤 종류의 규범 세트('낭만적 사랑', '모성', '가족' 이데올로기)를 동반한다는' 3가지로 정의해 두고 싶다. '정치적·경제적 단위인 사적 영역'은 '국민국가의 단위'와 거의 같은 의미이나 두 번째의 성별 역할 분업의 성립을 중시하는 의미와 관련하여 남성만이 수입원이라는 근대가족의 전제가 가족 이외의 시스템에 준 영향을 중시하고 싶기 때문이다.

이러한 가족 형태의 전제가 경제적으로 여성의 일을 가계보조적인 것으로 한정하여 여성의 임금을 억제한 것만이 아니다. 정치적으로도 남성 세대주는 한 가정을 대표하기 때문에 '시민'(실제로는 '국민')으로서 정치적 권리를 행사할 수 있다고 생각되었다. 근대사회에서 여성은 결혼하여 남편의 비호 하에 있으며 정치적·경제적 권리를 잃어버렸다는 점에서, 근대 여성의 해방 문제는 가족의 문제와 직접적으로 관계가 있다고 말할 수 있을 것이다. 세 번째로 규범 세트에 대해서 이야기하자면, 가족을 만들고 유지할 때 '애정규범'이 작용하여 정당화되는 것이 그 이전 시대와는 큰 차이가 있다고 생각되어, 그것이 근대가족의 특징으로 거론될 수 있을 것이다. 이 세 가지와 관련하여 1990년대 이후 근대가족이 어떻게 동요하여 변화해 가는지는 뒤에서 언급하도록 하겠다.

2. 일본형 근대가족이란 무엇인가?

'근대가족'이라는 개념은 일본에서 오치아이 에미코의 「'근대가족'의 탄생과 종언」 논문에 의하여 1985년에 본격적으로 소개되었다. 그로 인한 충격은 매우 커서 가족사회학 분야에서는 근대가족론의 평가를 둘러싸고 논쟁까지 일어나기도 했다. 그러나 지금 돌아보면 '근대가족'이라는 개념은 모순이 가득한 채 수용되었다.

오치아이가 '근대가족'이라는 개념을 일본에 소개한 이후 그 반향이 일어난 것은 분명히 우리들이 당시 '당연하다'고 생각했던 가족의 자명성, 일본에 거주하는 우리들의 '근대가족' 경험 때문이다. 그러나 그 '근대가족'이라는 개념 ―성별 역할 분업에 근거하여 근대사회의 최소단위로 간주되어 낭만적 사랑 이데올로기나 모성애, 가정의 친밀함으로 채색된 '근대가족'― 을 수용할 때에는 우리는 일본에 거주하는 자신들의 실제적인 근대가족 경험을 염두에 두면서 '근대가족'은 '구미' 고유의 존재이며, 적어도 '구미'에서 출현한 것이라 상정하였다.

'근대가족'이라는 개념 자체가 아리에스의 『'어린이'의 탄생』 등을 대표로 하는 프랑스 아날 학파를 중심으로 한 사회사연구에 의해 뒷받침된 점, '근대가족'이라는 단어 그 자체를 이용한 저작으로, 미국의 학자 쇼터의 '근대가족의 형성' 등이 상기된다는 점, 구미 이외의 근대가족론은 소개되지 않았던 점 등을 요인으로 들 수 있을지도 모른다. 그러나 무엇보다도 1980년대 당시 '일본의 근대'를 인식하는 방법이 전후 사회과학 패러다임의 영향을 받았던 것이 크게 작용했다. 즉 일본의 근대는 '전근대적'이고 '봉건적'이며, '특수'하기 때문에, '구미'의 '근대'와는 전혀 다르다고 생각되었던 경향이 컸던 것이다.[2]

즉 당시에는 '구미'야말로 '근대'이며, 일본 사회가 진실로 구미와 같은 '근대'사회인가에 관해서는 의문부호가 따라 다녔다. 일본의 근대는 구미에 비하면 '전근대적'이었으며 '봉건적'이었고 '특수'하였으며, 때로는 *Japan as Number One*[3]이라는 말이 나올 만큼 '독특하고Unique' 무언가 다른 것이 있다고 생각되었다. 그렇기 때문에 근대가족론에 따라 말하자면 '구미'의 '근대가족'은 '구미' 고유의 존재이며 일본의 사회와는 다른 상황이었다고 생각되었다. 일본의 가족에 대하여 고찰할 때 일본 사회

Japan as Number One(Harper Colophon, 1979)

---

2) 물론 한편으로 '구미의 근대'와 '일본의 근대'에 공통점이 있다고 상정하고 있기 때문에 '구미의 근대' 학문을 수입한 것이다. 내가 학생이었던 시대에는 사회학의 최첨단은 '구미의 근대'에 대해 이론을 배우는 것이었으며 그것을 그대로 일본에 적용하면서도, '구미'와 '일본'은 다르다는 신념이 동시에 존재하였다. 지금 돌아보면 문맥에 따라서 불가사의하게 사용법을 구분하였다고 생각한다.

3) 하버드대학의 보겔(Ezra F. Vogel) 교수의 저서명*.

의 '전근대성'이나 '특수성'을 표상하는 대표적인 것으로 '이에家'의 존재가 크다. 일본의 가족은 일본의 '특수하고', '전근대적'인 '이에'라는 강고한 신념과 일본의 가족도 '구미'와 같은 '근대가족'으로서 파악할 수 있다는 입장은 엄밀히 말하면 양립하지 않기 때문이다.

게다가 '근대가족'이라는 단어는 아날 학파 등의 사회사에서 유래하여 도입되기 이전부터 시민사회론 분야에서 가와시마 다케요시川島武宜 등에 의하여 독특한 방법으로 사용되었다. 여기에서는 그것을 사회사에서 유래한 '근대가족'과 구별하여 〈근대(적) 가족〉이라고 표기하도록 하겠다.[4] 여기에서 말하는 〈근대가족〉이란 이상화된 구미의 가족상을 가리키며 '이에'와 같은 '제도'에 의하여 만들어진 것이 아니라 가족 성원 상호 간의 애정으로 연결된 '자유'롭고 '대등'하며 '민주적'인 가족상이다.

결혼한 여성의 법적 무능력함의 집대성이라 할 수 있는 것이 프랑스의 나폴레옹 법전이라는 것은 널리 알려진 사실이다. 앞에서 서술한 것처럼 근대의 여성은 결혼하여 남편에게 종속됨에 따라 모든 권리를 잃었다. 애초에 가족의 '역할'이 성별이나 연령에 의하여 결정되는 데 '자유'롭고 '대등'하며 '민주적'인 관계가 항상 성립할 수 있다는 생각은 논리적으로 모순이다. 즉 〈근대가족〉은, 어떤 의미에서는 근대의 구미에서조차 실현된 적이 없는 '허상Fiction'에 지나지 않았으며, 일본에서는 그러한 허상으로서의 〈근대가족〉을 염두에 두면서 '봉건적'이고 '전근대적'인 일본의 '이

---

4) '일본의 가족론과 가족사의 의논이 직접적으로 맞아 떨어지지' 않았던 것을 지적하는 것으로서 무타(牟田 1996)를 참조할 것.

에'라는 표상이 특히 제2차 세계대전 후에 소급적으로 만들어진 것이다.

어떤 의미에서 〈근대가족〉은 구미에서 이렇게 되었으면 한다는 이상적인 자화상이며, 일본은 그것을 받아들여 거울로서 '뒤처진 일본', 혹은 '전통적인 일본'이라는 자화상을 그려왔다. 그 때 그 상징으로 그려진 '이에'를 '근대가족'론과 어떻게 접합하느냐에 관한 과제가 존재하고 있기 때문에 일본의 근대가족론은 좀처럼 진전하지 않았다고 말해도 좋다.

이 '근대가족'과 '이에'의 관계에 대하여 정면으로 의문을 던지게 된 것은 오치아이의 논문으로부터 약 10년 후 우에노 치즈코에 의하여 시작되었다. 우에노 치즈코는 '일본의 이에는 근대의 발명품이다'라는 테제를 제시하며 『근대가족의 성립과 종언』(1994)에서 일본의 '이에'를 '근대가족'의 문맥에서 논하였다. 우에노의 '이에' 개념은 다음과 같다.

> '이에' 제도는 적어도 '전통적'인 '봉건제의 유산'이 아니라, 근대화가 재편성한 가족, 즉 근대가족의 일본 버전이었다(上野 1994: 75).

우에노는 명쾌하게 '이에' 제도는 근대가족의 '일본 버전'이라고 하였다. 우에노가 상정하는 '이에' 제도가, 메이지 민법 등을 포함하는 메이지 이후의 가족정책을 가리킨다고 한다면, 이 지적은 올바르다. 그러나 우에노는 '이에'가 메이지 민법 제도에 의한 메이지 정부의 발명품이라는 것을 분명히 한 것은 "근년에 이루어진 가족사연구의 견해"(上野 1994: 69)라고 하였다.

이것은 다소 잘못된 것이다. 메이지의 '이에'가 에도 시대의 '이에'와는 달리 에도의 '전통'으로부터 '일탈'하여 '왜곡'되어 '인공적'으로 만들어졌다는 지적, 즉 '이에'는 근대에 이루어진 전통의 '창조'라는 지적은 법제사의 분야에서는 상식이기 때문이다. 물론 '이에'가 '근대가족'의 문맥에서는 논해지지 않았다는 의미에서는 참신하지만, '이에'는 메이지 시기 가족정책으로 환원될 수 있는 단순한 개념은 아니다.

고야마 시즈코는小山靜子는 우에노의 '이에' 이해에 관하여 "우에노 치즈코 그리고 니시카와 유우코가 입론한 것에 대해 말하자면, '이에'는 봉건제도의 유산이라는 전제 하에 이야기되나, 나는 적어도 그렇게 단순하게만은 논할 수 없다고 생각한다"(小山 1994: 75)고 지적하는데, 이 의견에 나도 찬동한다. 전전에는 가족이라고 하면 가정에 속하는 자, 즉 가족성원을 가리켰다. 메이지 민법에는 가장에 귀속되는 가족성원이 가족, 오늘날 Family에 해당되는 것이 '이에'라고 불리고 있었다. 말하자면 '이에'는 지금 우리들이 말하는 '가족'의 어감에 해당되는 것에 지나지 않았던 것이다. '이에'가 봉건제의 유산이라고 인식되게 된 것은 전후였다.[5]

이러한 우에노의 이해에 의한 '이에' 제도가 1898년에 성립한 민법을 중심으로 한 법제도나 국가정책을 가리킨다고 한다면, 이는 '이에' 개념 속에 국가정책을 지지하는 이데올로기나 민법 하의 국민의 생활이 포함되는 것을 의미한다. 이렇게 생각한다면 우에노의 이론은 한 가지 문제를 야기한다. 그것은 우에노 자신도 '이에' 제도와는 '다르다고' 인정하고 있는 '습속의 가정' —종래 '이에'라고 불렸던 것— 이 어떻게 만들어졌는

---

5) 자세한 것은 4장을 참조.

지 전혀 의문을 제기할 수 없게 된다는 점이다.

오치아이 에미코의 관심은 이 법제도에 회수되지 않는 '이에'에 있다. 오치아이는 니시카와 유우코의 국민국가를 중시하는 근대가족의 정의를 거부하며 "애초에 사회사의 등장은 가까운 인간관계나 감정 등에 주목하는 개념을 제시하여 최근까지도 지배적이었던 정치사나 경제중심사의 사관에 이의를 제기하는 의미가 있었다. '겨우 그 길이 열렸는데 왜 다시 천하국가의 역사로 돌아가려 하는가?'라고 비판하며 근대가족의 정의에 근대국가를 끌어들여 근대가족론의 가장 매력적인 부분이 사라져버리는 것은 아닌가?"(落合 1996: 39)라고 우려를 표명한다. 거기에 우에노의 이야기를 '가정=근대가족' 일원론이라고 부르며, 자신은 '이에'와 '근대가족' 이라는 두 개의 개념을 별개의 것으로 남겨 그들 간의 상호작용을 논하는 '이원론'의 입장을 취하겠다고 이야기한다. "'이에'가 '근대가족'적인 경우는 있으나 가계의 연속성 관념과 같은 '이에'의 가장 근본적인 성격은 '근대가족'과는 관계가 없으며, '이에'는 '근대가족'에서는 해소할 수 없기 때문이다"(落合 1996: 44).

오치아이는 '이에'가 '가계의 연관성'을 근본적인 성격으로 하며, "'근대가족'에서는 해소할 수 없는" 것으로 받아들이고 있다. 또한 우먼 리브ゥ ーマン・リブ[6] 세대의 여성들이 역사상 가장 높았던 비율로 전업주부가 된 근대가족의 완성을 목표로 한 것도 '이에로부터 해방'과 '가족으로부터의 해방'이라는 과제가 명확히 구별되지 않았기 때문이라고 이야기한다. 그

---

6) 영어로는 Women's Liberation이며, 1960년대 후반에 미국에서 일어나 그 후 세계적으로 확산된 여성해방운동을 가리킴*.

렇다면 오치아이가 생각하는 '이에'와 '근대가족'은 어떠한 것일까?

다른 시기에 작성된 별개의 텍스트는 같은 사람에 의해 쓰인 것이라도 일관된다는 보증은 없으나, 오치아이의 『21세기 가족으로』를 시작으로 그것을 검증해보자. 오치아이에 의하면 '이에 제도'는 "진실한 사랑과 성에 의한 양성의 결합이라는 근대가족 이념의 완전한 실현"과는 반대되는 것이다. 이러한 근대가족의 이념은 "고부간의 문제나 혈연 등 질척질척한 이에 제도에 대한 저주"(ibid.: 136)와는 다른 것이다. 또한 '이에'에 부수하는 것으로서 '아버지의 권위', '신부의 복종'(ibid.: 84), '직계가족제', '확대가족'(ibid.: 100)을 들고 있다.

이렇게 본다면 오차아이에 의한 '이에'와 '근대가족'은 정반대의 성질을 갖게 된다. 그런데 오치아이는 "적어도 메이지 이후 이에가 근대가족적인 것으로 재편되어 근대가족적인 성질을 갖게 되었다는 것은 물론 인정하며"(ibid.: 44~45), 실제로 "조부모와 동거하고 있어도 질적으로는 근대가족적인 성격을 가질 수도 있다"(ibid.: 100)고 기술하는 데 주목한다면 '이에'와 '근대가족'을 대립적인 것으로 개념화하는 의의에 대해 다시 생각해볼 수밖에 없다. 애초에 '근대가족'이 근대화의 과정(落合 1996: 39)에서 만들어진 것이라고 생각하려 해도, 그렇다면 대체 '이에'는 어디로부터 와서, 어떻게 만들어진 것인가? 해답으로서 '문화'라는 무언가를 말하려는 것 같지만 아무 것도 말해주지 않는 변수 정도밖에는 생각할 수 없다(오치아이 자신도 '문화'라고 생각하고 있다).

애초에 '근대가족'은 연구자에 의해 조작적으로 만들어진 분석개념이다. 그러나 '이에'는 다르다. '이에'는 우리들의 일상어이며 실로 다의적인 단어다. 우에노와 같이 메이지 민법에서 말하는 '이에'로 사용할 수도 있고, 당장 생각나는 것만으로도 에도 시대 봉건제도에서 무사의 가족 도덕, 또는 농촌 공동체의 생산 단위, 상가의 관행, 남성우위적인 가족의 규범, 지배의 형태인 가부장제, 유교도덕과 결부되어 생각되는 가족, 직계가족제, 확대가족 등의 가족 형태, 일본의 가족 그 자체, 건물, 가족국가관 등을 포함하는 다의적인 개념이다. 이처럼 다의적인 '이에'라는 개념을 '근대가족'과 대립적으로 사용하려 한다면 적어도 분석개념으로 정의할 필요가 있을 것이다.

'이에'를 분석개념으로서 사용할 것이 아니라 '이에'에 의해 무엇이 나타나는지를 기술하는 작업이 필요하다고 나는 생각한다. '근대가족'이라는 분석개념을 염두에 두면서 '이에'라는 개념이 일본의 근대가족에 대한 실태가 형성되는 과정에서 어떻게 만들어지고 사용되었는지를 살펴보는 작업이 필요하지 않을까 생각한다. 가족사회학에서 어떻게 '이에' 개념이 구축되었는지에 대해서는 4장에서 검토할 예정이다.

자, 다시 일본형 근대가족으로 이야기를 돌려보자. 일본형 근대가족에 대해서 생각할 때 '이에'와 '근대가족'을 같은 수준의 분석개념으로 그 관계를 검토할 필요가 없다는 것은 지금까지 확인했다. 그렇다면 일본의 근대가족은 어떠한 특징을 가지는가? 애초에 무엇을 가지고 '일본형'이라고 할 수 있을 것인가?

'근대가족'이라는 개념의 이점은, 조작적인 '근대가족'이라는 개념을 만들어 같은 시기 여러 국가의 근대가족과 비교연구를 할 수 있다는 점이다. 여기에서 주의해야 할 점은 '구미형' '근대가족'이라는 것이 존재하며 그것에 대하여 '일본형' 근대가족이 존재하는 것이 아니라는 점이다. 미국의 '근대가족', 독일의 '근대가족', 영국의 '근대가족'이 존재하는 것처럼 일본의 '근대가족'이 존재한다. 즉 '구미'의 근대가족에도 여러 가지 형태가 있다는 뜻이다.

국민국가 자체가 일국에 존재하는 것이 아니라 동시대적인 세계 시스템을 형성하는 것처럼, 일본의 '근대국가'도 다른 국가의 가족 시스템을 인용하고 모방하여 모듈과도 같이 타국의 가족제도를 도입하여 만들어졌다. 물론 다른 국가의 '근대가족'의 내실이 다양한 것처럼, 일본의 '근대가족'의 실태도 다양하며 각각의 가족생활의 개별성 또한 존재한다. 그러나 '근대가족'이라는 개념을 사용함으로써 다른 국가의 가족과 무엇이 같아지고 무엇이 달라지는지 그 공통점과 차이점을 찾기 위한 시점이 필요할 것이다.

일본의 특수성이라고 오랜 시간 동안 생각된 가족국가관 ―제2차 세계대전 때 일본을 이끌었던 '국민은 천황의 적자다'와 같은 '비합리적'이고 '광신적인' 사상― 은 '근대가족'이라는 시점에서 본다면 결코 일본에 존재하는 특수한 것이 아니다. 오히려 가족국가관은 극히 '근대적'인 사상이다.

예를 들어 프랑스 혁명에서는 아버지와 같은 존재인 왕에 의한 지배인 왕정을 타도하고 국민은 형제간 우애의 결과물이라고 표상되었다(Hunt 1992=1999).[7] 여기에서는 가부장제가 부정해야 할 적으로 표상되고 있다. 이것은 가족의 종적 관계를 부정하며 횡적 관계를 강조하는 유형의

---

7) 실제로는 형제들의 우애 또한 실로 근대적인 '가부장제'를 구성하고 있으나, 여기에서는 깊게 다루지 않겠다.

가족주의다.

일본에서 '전통가족'이라고 말하면, 직계가족인 '이에'를 가리키는 경우가 많으나, 미국이나 영국에서 '전통가족'이라고 하면 일본에서는 새로운 것이라고 생각되는 '핵가족'을 가리킨다. 물론 이 '전통적인 핵가족'이라는 이미지도 근대에 들어와 만들어진 '전통의 창조'에 지나지 않는다. 스테파니 쿤츠Stephanie Coontz는 『가족이라는 신화— 아메리칸 패밀리의 꿈과 현실』에서 '대초원의 작은 집(Little House on the Prairie)' 시리즈의 TV드라마에 의해 전해진 '자조의 정신이 넘치는 개척민의 이미지'가 현

드라마 '대초원의 작은 집'에 나오는 주인공 가족

실에는 존재하지 않았다는 것을 ―책의 원제 *"The Way We Never Were"*
가 보여주듯― 분명히 하고 있다(Koontz 1922=1998). 일본의 '이에' 이미
지가 '전통의 창조'인 것과 마찬가지로 '전통적인 핵가족'의 이미지도 실
은 만들어진 것에 지나지 않는다.

종적 계보성이나 아버지에 의한 가부장제를 강조하는 유형의 가족상은
일본만의 전매특허가 아니다. 전통가족이 '이에'를 가리키는 것은 독일도
마찬가지이며, 대가족의 이미지를 중요시하는 것은 이탈리아에서도 종종
있는 일이다. 실은 같은 사회에서도 종적 계보성을 중요시하는 유형의 가
족상이 강조되다가도 횡적 관계를 강조하는 핵가족상이 강조되기도 하는
등 나뉘어 사용되기도 한다. 이는 어느 나라에서도 마찬가지다.

또한 일본의 천황제는 모성주의적인 점이 '일본적 특수성', 즉 '어머니
와 같은 천황제'라고 해석되는 경우가 많다. 그러나 이것은 사실 수준에
서 잘못된 것이다. 예를 들어 메이지 천황은 공가公家 전통을 따라 뇨칸
女官[8]들에게 둘러싸여 하얗게 화장을 하고 눈썹을 그리며 자랐으며 즉위
후에도 이빨을 검게 물들였다는 점에서 어떤 의미에서는 '중성적'이었다.
그러나 근대국민국가에 적응하기 위해 머리를 자르고 이빨을 검게 물들
이는 것을 그만두었으며, 수염을 기르고 군복을 입고 사진을 찍어 근대
일본에 적합한 '아버지'로 변모해갔다. 또한 천황이 '남성적'인 '아버지'가
되었을 때 황후는 그와 짝을 이뤄 '여성적'인 '어머니'로서 '왕권에 불가결
한 구성요소'가 되었다(武田 1998). 천황과 황후는 함께 사진을 찍었으
며, 또한 아이들과 찍은 사진을 게재하여 국민이 학습해야 할 이상적인

---

8) 관직을 얻어 궁에서 일하는 여인들을 가리키는 말*.

'근대가족'상을 제시하는 역할을 담당했다(若桑 2001). 그러나 실제로 다이쇼 천황의 어머니는 측실이었으며, 천황가는 측실제도에 의하여 지탱되고 있었다.

일본의 천황제가 근대국가의 모범을 담당했다는 것은 딱히 특이한 것은 아니다. 해외의 로열 패밀리Royal Family도 마찬가지로 같은 기능을 담당하고 있다. 제2차 세계대전 후 당시의 황태자가 평민여성과 결혼한 것이 일본 사회의 '민주화', 새로운 전후의 '가정'을 상징하였다. 황태자가 '따뜻한 가정을 가질 때까지는 절대로 죽지 않을 거라 생각한다'고 말하며 그에 대해 미치코美智子비가 '전하에게 따뜻한 가정을 드리고 싶다'고 한 이야기는 대표적인 마이홈주의적 이야기라 할 수 있다.

이들 황실의 존재 또한 극히 '근대적'이었으며 외국의 로열패밀리도 그

1959년 4월 10일 아키히토 황태자와 평민 출신의 쇼다 미치코가 결혼식을 올린 것을 기념한 성혼기념 우표.

나라의 '이상적인 가족'을 연기하고 있다(실제로는 파탄에 이르렀다 하더라도). 로열패밀리가 없는 미국은 대통령이 '국민의 아버지'를 자칭하며 퍼스트 레이디인 부인과 이상적인 가족을 연출하고 있다. 역대 대통령들은 자신을 '국민의 아버지'라고 하였는데, 특히 그것이 전시에 현저했다는 점을 생각하면 '천황의 적자'라는 생각이 그다지 '특수'하지 않다는 점을 충분히 납득할 수 있을 것이다.

클로디아 쿤츠Claudia Koonz는 『아버지 국가의 어머니들— 여성을 축으로 나치즘을 읽는다Mothers in the Fatherland: Women, the Family and Nazi Politics』에서, 나치즘 하에서 여성들이 얼마나 어떻게 전쟁협력에 휘말렸는지 서

『아버지 국가의 어머니들』(St. Martin's Griffin, 1988)

술하고 있다(Koonz 1987=1990). 국민국가의 여성들은 '2류 시민', 즉 '2류 국민'에 지나지 않았으나, '모성'을 사용하는 것으로 제한적이기는 하지만 '국민'에 편입될 수 있었다. 반대로 말하면, 여성이 '국민'에 편입되기 위해서는 '모성'이라는 성별 역할 분업에 근거한 이데올로기를 사용하지 않을 수 없었으며, 이것은 분명한 한계를 지니고 있었다고 말할 수 있을 것이다.

이와 같은 '모성'에 근거한 '여성의 국민화'를 행하고 있는 나라로는 독일, 이탈리아, 일본 등 제2차 세계대전 시기의 중심국이었으며, '모성'보다 추상적인 '시민'이나 '국민'으로서 여성의 권리를 행한 것은 영국이나 미국 등의 연합국이었다고 이야기된다(上野 1998). 전쟁에 어떻게 참가

하는지가 국민의 의무와 권리의 체계를 결정하고 있다. 남성은 국민의 의무를 행하고 있기 때문에 그 댓가로 참정권을 획득하고 있다고 생각되었으며, 실제로 여러 가지 복지 우대가 전쟁참가를 근거로 행해졌다. 즉 군대에 참가하느냐 않느냐가 '국민'의 정의와 관계된 문제였다. 우에노 치즈코는 성별 역할 분업에 근거한 여성의 권리요구를 '분리형', 추상적인 '국민'이라는 개념을 바탕으로 권리를 요구한 것을 '참가형'이라고 부르고 있다.

그러나 이러한 분리형과 참가형은 국가에 의해 분명히 나누어진 것이 아니다. 일본에서도 이치카와 후사에市川房枝에 의해 대표되는 성별 분업의 해체를 주장한 여성들이 공적 영역에 참가하는 것을 목표한 참가형의 운동도 있으며, 히라츠카 라이초와 같이 모성에 의거해 사적 영역을 국가화하는 것을 목표로 한 분리형의 운동도 존재했다.[9] 양쪽 다 '모성'이 여성 특유의 것이며, 여성이 있어야 할 곳은 가족이라는 '근대가족'의 신화가 만들어진 뒤 거기에 어떻게 대응해야 할지를 요구받았다는 점에서는 양자의 주장은 동전의 양면과 같다. 이러한 모성과 국민국가 형태의 차이에 대해서 고찰할 수 있는 것도 '근대가족' 개념이 공헌한 바라 할 수 있다.

일본은 '구미'와 마찬가지로 근대에 들어선 이후에 '근대가족'을 형성했다. 그러나 이상화된 '근대가족'상은 '구미'에서도 그 이외의 지역에서도 각각 다르며, 계층이나 지역에 따라서도 당연히 달랐다. 실태 또한 그러하다. 일본의 '근대가족'은 여러 근대가족 속에 존재하는 한 유형에 지나지 않는다. 미국의 근대가족도, 영국의 '근대가족'도, 독일의 '근대가족'도

---

9) 우에노 자신도 일본의 여성운동을 분리형과 참가형으로 나누고 있다.

그러하다. 그리고 근대국가를 형성해가는 사이에 '이에'에 근거한 '근대가족'의 이미지와 '핵가족'이나 '가정', '(소위 Family에 해당하는) 가족'의 '근대가족' 이미지가 때로는 겹치며, 때로는 대항하면서 '근대가족' —성별 역할 분업에 근거하여 근대사회의 최소단위로 간주되며, 친밀함으로 채색된 가족— 이 만들어진 것이다.

3. 가족의 변용

메이지 이후 만들어져 온 일본의 '근대가족'은 어떻게 변용되어 왔는가? 일본의 '근대가족'이 주제로서 명확히 제시된 것은 1990년대, 특히 우에노의 『근대가족의 성립과 종언』(1994)에 의해서였다고 앞에서 서술했다. 오치아이 에미코의 『21세기 가족론으로』(1994)도 또한 실제로 '일본의 근대가족'을 그려내기 위한 시험이었다고 말할 수 있을 것이다.

그러나 1990년대 이후 일본 사회의 큰 변화와 함께 일본의 가족에도 또한 격변이 일어나고 있다. 이 일본의 가족의 변화를 참고로 '근대가족'이 논해지는 경우는 거의 없다. 그러나 '근대가족'이라는 인식의 틀은 가족의 어느 부분이 어떻게 변화해 왔는가를 선명하게 알 수 있게 해준다. 왜냐하면 '근대가족'이라는 개념은 2장에서 논한 것처럼 근대사회의 제 시스템과 가족이라는 시스템이 어떤 관련이 있는지 분석하는 것을 가능하게 하는 개념이기 때문이다.

그렇다면 지금부터 우선 첫 번째로 '근대가족'의 특징적인 '낭만적 사랑', '모성', '가정' 이데올로기가 어떻게 변화했는지, 두 번째로 정치적, 경제적 단위인 사적 영역이 어떻게 변화해왔는지, 또한 남편=수입원/아내=주부라는 성별 역할 분업의 변화에 대하여 검토한 후, '근대가족'이 어디로 가야할지에 대해 생각해보고 싶다.

1) '가정' 이데올로기의 변용

2000년대 중반에 야마다 마사히로山田昌弘의 『희망격차사회― '하위층'[10]의 절망감이 일본을 갈라 놓는다』(2004)가 히트를 기록하여 '격차사회'는 유 캔 유행어ユーキャン流行語 대상을 수상했다.[11] 또한 미우라 아츠시三浦展의 『하류사회― 새로운 계층집단의 출현』(2005)이 출간되어 "의욕, 능력이 낮은 것이 '하류'"이며, "젊은 층에서 '하류화'가 진행되고 있다"고 주장하였다. 2000년대 중반은 장기 정권이었던 고이즈미 준이치로 내각의 종언기였으며, 1990년대에 본격적으로 진행되기 시작한 신자유주의 노선이 2000년대 고이즈미 내각 하에서 열광적으로 진행되었던 정책의 '성과'가 보이기 시작한 시기였다.

『희망격차사회』(ちくま文庫, 2007)

---

10) 상위층(勝ち組)과 대조되는 개념이다. 일반적으로는 수입이 평균보다 낮은 사람을 가리키는 말이다*.

11) 일본의 출판사에서 지유코쿠민샤(自由国民社)에서 1984년부터 매년 일본 사회에서 유행한 단어들을 선별하여 유행어를 만들어낸 사람들에게 상을 주는 것을 가리킨다. 야마다가 '격차사회(格差社會)'라는 단어로 수상한 것은 2006년이다.*

제3호 연금 등의 전업주부 우대 가족정책이 강화된 것은 1985년인데, 그 해에는 남녀고용기회균등법도 제정되었다. 한편으로는 가족, 특히 전업주부여성에 대한 복지를 담당하는 일본형 복지를 유지하면서, 다른 한편으로는 '능력 있는' 여성에게 '고용기회'를 부여하여 노동력으로 활용하려 하는, 어떻게 보면 모순적인 움직임이 같은 해에 발생했던 것이다.

그러나 이는 신자유주의라는 이념을 염두에 둔다면 결코 모순적인 것이 아니다. 신자유주의는 '작은 정부'를 외치면서, '큰 정부'를 주장하는 케인즈주의를 부정하며 복지를 삭감하는 것과 동시에 '개인'의 '능력'에 근거한 능력주의를 내세워 그 결과를 '자기책임'으로 받아들이게 하는 것을 이상으로 삼고 있기 때문이다.[12] 즉 "능력 있는 여성은 일하게 하자", "그렇지 않은 여성은 가족의 복지를 담당케 하자", "어느 쪽을 선택해도 '자기책임'이지"라는 것을 정부가 적극적으로 추진한 것이다.

---

12) 자세한 것은 센다(千田 2010)를 참조할 것. 데이비드 하비(David Harvey)는 '신자유주의— 그 역사적 발전과 현재'에서 신자유주의를 '무엇보다도, 강력한 사적 소유권, 자유시장, 자유무역을 특징으로 하는 제도적 틀의 범위 내에서 개개인의 기업활동의 자유와 그 능력 등을 무제한으로 발휘함으로써 인류의 부와 복리가 가장 증대된다고 주장하는 정치경제적 현실의 이론이다'(Harvey 2005=2007: 10)라고 정의하고 있다. 사상적으로는 프리드리히 폰 하이에크(Friedrich von Hayek)나 프리드먼(Milton Friedman) 등을 원류로 하여, 제2차 세계대전 후 경제정책의 주축이 되었던 국가 개입에 의한 완전 고용, 경제성장, 국민의 복지 보장을 목표로 하는 존 메이너드 케인스(John Maynard Keynes) 이론의 비판으로서 성립하였다. 신고전파 경제학의 자유시장원리주의와 아담 스미스(Adam Smith)류의 '보이지 않는 손'과의 결합으로부터 나오는 국가의 규제에 반대하는 '작은 정부' 주장이며, 프리드먼류의 머니터리즘, 합리적 기대형성론(로버트 루카스(Robert Lucas)), 공공선택이론(제임스 뷰캐넌(James Buchanan)과 고든 털록(Gordon Tullock))의 서플라이사이드 이론(아서 래퍼(Arthur Laffer)) 등의 이론을 모으고 있다. 이것을 이론이라고 불러도 좋을지 확실치 않은 잡다한 사상의 잡탕이다.

물론 '능력'이나 '자기책임'이 어떤 의미에서 '허구'라는 것은 사회학적으로는 상식이다. 사람들의 '능력', 예를 들면 속성화된 업적이라 할 수 있는 학력 하나를 보더라도 어떤 가정에서 태어나, 부모가 어떤 정보에 근거하여 어떤 교육전략을 세워 어떤 경제적, 사회적, 문화적 자원을 동원하여 아이를 교육하느냐에 따라 크게 좌우된다. 물론 선천적인 능력이라는 것을 완전히 부정할 수는 없을지 모르지만, 환경의 차는 매우 큰 것이다. 도쿄대학에 재적 중인 여학생들의 부모가 버는 연수입이 1천만 엔을 넘는 것은, 여자라도 도쿄대학 졸업이라는 지위를 얻는 것에 가치를 두는 사회층이 어떠한 계층인지를 단적으로 보여준다(그에 비하면 남학생의 부모가 버는 평균수입은, 매년 조금씩 낮다).

또한 도쿄대학 대학원 교육학 연구과 대학경영 정책연구센터에 의한 제1회 고교생 진로 조사(2005, 06년 실시)에 따르면, 부모의 연수입이 200만 엔 미만인 층의 4년제 대학 진학률은 28.2%, 600만 엔 이상 800만 엔 미만이면 49.4%, 800만 엔 이상 1,000만 엔 미만이면 54.8%, 1,000만 이상 1,200만 엔 미만이면 62.1%, 1,200만 엔 이상은 62.8%로 정비례 관계다. 역으로 취업률은 반비례로, 연 수입 2백만 엔 이하의 취업률은 35.9%인 것에 비해, 연 수입 1,200만 엔 이상인 경우는 5.4%에 지나지 않는다. 상황이 이러한데 '자기책임'을 묻는다면, 그것은 연 수입이 적은 가정에 태어난 '운명'에 대한 '책임'이라고밖에 말할 수 없다.[13]

영국의 마가렛 대처나 미국의 로널드 레이건 정권 하에서 진행되었던

---

13) 말할 필요도 없으나, 여기에서는 연 수입이 높고 대학에 진학하는 것 자체가 '행복'하다는 것이 아니다. 실질적인 선택지의 불평등성에 대하여 언급하고 있는 것이다.

신자유주의 정책은 나카소네中曾根 정권 하에서 수용되어 국철이나 전전電電 공사의 민영화가 진행되었다. 1990년대에 들어서 냉전체제가 종언되면서 그러한 움직임은 한층 가속화되었다. 케인즈주의는 어떤 의미에서는 공산주의화를 방지하기 위하여 국가가 복지정책을 펼친 것이나, 자유주의 진영에서 공산주의화의 '위협'을 두려워할 필요는 없어졌다. 또한 세계화Globalization가 진행되어 사람, 돈, 자원의 이동이 용이하게 되었다.

그러나 신자유주의는 세계화에 의해 야기된 것이 아니다. 지배계급이 권력이나 수입을 확립하고 격차를 확대하는 것을 신자유주의의 본질이라고 생각하는 제럴드 듀메닐Gerard Dumenil과 도미니크 레비Dominique Levy는 "주변부의 부채가 극단적으로 무거워진 것과 자유로운 국제자본 이동에 의한 수탈을 생각하면, 지구 규모에서도 격차의 재편성이 일어나고 있다. 즉 '신자유주의의 세계화'라고 할 만한 것이 발생하고 있다"고 지적하고 있다(Dumenil and Levy 2005, 강조는 원저자).

로버트 B..라이히Robert B. Reich라면 이러한 사태를 '뉴 에코노미New Economy'라고 부를 것이다. 커뮤니케이션, 운송, 정보 프로세스 등의 분야에서 진전된 새로운 테크놀로지가 세계화를 가속시킨 결과, 대체 가능한 단순작업의 임금을 저하시키고, 통찰력과 아이디어를 지닌 사람들의 임금이 상승한다는 노동임금의 양극화가 발생하고 있다는 것이다(Reich 2000=2002). 그러나 신자유주의가 '시장지상주의'[14]라고 불리며, 국가에 의한 시장 개입을 비판하는 것의 뒷면을 살펴보면, 신자유주의적 정책은

---

14) 혹은 좀 더 분명하게 '시장원리주의'라고 불린다.

국가나 산업계의 주도 하에 행해지고 있다.

일본에서도 1995년에 니치케이렌日経連[15]에 의해 『신 시대의 '일본적 경영'— 도전해야 할 방향과 그 구체적 방책』이란 제목의 보고서가 제출되었다. 신 시대의 '일본적 경영'이란, 종래의 종신고용, 연공서열, 기업별 노동조합을 축으로 한 남성 정규사원에 대한 일률적 보호를 해온 일본형 경영을 폐지하고 노동자를 장기 축적 능력형 그룹, 고도 전문능력 활용 그룹, 고용 유연형 그룹의 세 가지 그룹으로 나누어, 장기 축적 능력 활용 그룹 이외를 기간제로 고용하려 한 것을 말한다. 이로 인해 노동력의 '탄력화', '유동화', 총인건비용의 절약, '저비용'화가 가능해진다는 것이다.

2000년대에는 고이즈미 내각 하에서 '아픔을 동반하는 구조개혁', '성역 없는 구조개혁' 등의 슬로건에 의해 규제완화가 주장되어, 90년대 후반에 가속된 노동의 비정규고용화의 움직임이 더욱 진전되었다. 소위 노동자 파견법에서도 규제완화가 진행되어 2004년에는 제조업으로의 파견도 해금되었다. 또한 싱글맘의 생활보호에 관한 모자가산加算의 폐지나 아동부양급여의 일부 지급정지가 큰 쟁점이 되었으며, 장애자 자립지원법이 제정되어 장애자의 '자립'을 지원하는 명목으로 서비스에 필요한 비용의 1할 부담이 요구되게 되었다. 모든 인간이 '자립'해야 한다, 자신의 '선택'의 결과를 '자기책임'으로 받아들여야 한다(싱글맘이 된 것은 그야말로 '자기책임'에 의한 것이다)는 것이다. 그 결과 상대적 빈곤뿐만 아니라, 사람들

---

15) 일본경영자단체동맹(日本経営者団体連盟)을 가리키는 말*.

에게 생존을 허락하지 않는 절대적 빈곤이 발생하게 되었다.[16]

이러한 와중에 미우라는 "'상층'이 15%, '중층'이 45%, '하층'이 40%인 시대가 오는가!?"(三浦 2005)라고 말하며, '하류사회'가 출현했다고 주장했다. 1985년의 SSM조사(사회계층과 사회이동 전국조사법)에 따르면 일본의 계층귀속 의식은 중상, 중중, 중하가 9할을 점하고 있었다. 국민생활조사 등에서도 자신이 중류라는 의식은 마찬가지로 9할이 넘었으며, '1억총중류'라는 의식이 존재했다. 어디까지나 '의식'의 문제에 지나지 않으나, 미우라는 1955년 체제에 의한 '1억총중류화, 평균화 모델'에서 2005년 이후는 '계층화, 하류화 모델'로 변화하고 있다고 주장하였다. 중산계급의 '의식'이 하류와 상류로 분화하여 소비행동의 차이가 출현하고, 소비에 의한 계층분화가 진행되었다는 것이다.

계층을 수입이나 경제 등이 아니라 계층귀속 '의식'으로부터 하류사회가 실체적으로 출현하고 있다는 듯한 미우라의 말에는 찬동하기 어려우나 '하류사회'라는 단어가 독자나 사람들에게 큰 충격을 주고 있다고 한다면 그것은 1995년에는 중산계급으로서의 규범이 종언을 고해가고 있다는 것을 사람들이 느끼고 있었기 때문이 아닐까? 실제 상황이 어떤지는 차치하더라도 규범으로서의 '중류'가 종언을 고하고 있는 것이다.

'가정'이라는 단어가 메이지 20년부터 도입되어 잡지 등을 통하여 하나

---

16) 기타큐슈시(北九州市)에서는 2006년, 2개월 간 3명의 아사자가 있었던 것이 문제가 되었는데, 그 이후에도 또한 생활보호신청을 거부하여 아사자가 나타나고 있다. 기타큐슈시는 생활보호율을 억제하여 정치령에 정해진 도시들 중 최저의 보호율을 과시하고 있었다. 신자유주의적인 지방분권화 정책의 촉진에 의해 재정이 위태로운 지자체에 사는 것은 필요한 복지 서비스의 수급을 방해하며, 개인의 사회보장비 부담을 증대하는 것으로, 지역격차는 확대되고 있다.

의 규범이 되었다. 그리고 실제로 다이쇼大政 시기에 접어들면 '가정'의
이상─ '일가단란', '가정의 화목과 즐거움'을 실현하는 것이 가능한 신중
간층이 현실에 출현하였다(小山 1999). '가정'이란, 어떤 의미에서 신중
간층적이라 각인된 가족의 이상적인 상이었다.

이 '가정'의 규범성, 즉 신중간층이 아니라면 안 된다는 규범성은 급격
히 구속성을 잃어갔다. 예를 들어 2006년 11월에는 2005년의 전국 공립
소중학교에서 18억 엔이 넘는 급식비가 체납된 것이 매스컴을 통하여 세
상을 떠들썩하게 했다. 이것은 본래 징수되어야 할 급식비의 0.53%에 지
나지 않으나 매스컴이나 사람들은 이것을 '빈곤'의 문제가 아니라, '경제
적으로 여유가 있으면서 (급식비를) 지불하지 않는 보호자가 늘고 있다'
(読売新聞 2006년 11월 27일)고 문제시하였다.

물론 이러한 비판은 공교육에서 행해지는 급식에 금전적으로 빈곤하
지도 않으면서 필요한 돈도 부담하지 않고 무임승차하는 사람이 있는데
이러한 서비스는 세금의 낭비밖에 더 되냐는 전형적인 신자유주의적 사
고에 근거한 비판이다(체납자가 금전적으로 빈곤하지 않다는 것은 누구
도 검증하지 않았으므로). 아마도 급식비 체납자는 이전에도 존재했을
것이다. 허나 흥미로운 점은 급식비를 체납하는 것이 '부끄러운' 것이 아
니게 된 점 ─실태는 차치하고서라도, 체면만은 '중류'의 가면을 쓸 필요
가 있다는 종래의 규범이 사라진 것─ 이다.

이 '가정'의 체면을 지키기 위한 특징적 현상은 사실은 파탄이 났음에
도 이혼을 피하고 겉으로는 사이좋은 부부를 연기하는 '가면부부'나 '가
정 내 별거' 등을 들 수 있을 것이다. 물론 '근대가족'은 애정과 경제가 강

제적으로 연결되어 있으므로, 경제적인 조건을 위하여 가정생활을 계속하는 경우도 고려하지 않으면 안 된다. 그러나 1970년에는 약 10%, 90년에도 21.8%에 지나지 않았던 이혼율이 95년에는 25.1%, 2000년에는 31.9%, 2003년을 정점으로 줄어들지만 그래도 2004년에는 37.6%로 세 쌍 중 한 쌍 이상이 이혼하였다(후생노동성 '인구동태통계'). 2003년 이후의 이혼율과 이혼건수의 감소는 2007년 4월 이후에 이혼 시 노령후생연금의 분할이 가능해졌다고 발표된 것이 2003년 6월이라는 점과 큰 관계가 있다. 실제로 이혼 별거 건수를, 연령계급별 이혼율을 전 년의 이혼건수와 비교해보면, 남성은 2003년에 감소로 돌아서 2004년에 10,709건이었으나, 2008년에는 179건 감소, 여성은 2003년부터 마찬가지로 감소로 돌아서 2008년에는 처음으로 441건 상승하여 이혼이 증가하고 있는 것이 확인되고 있다(후생노동성 헤이세이平成 21년(2009) '이혼에 관한 통계').

이미 사람들은 중산계급적인 체면을 유지하기 위해서만 결혼생활을 계속하고 있지는 않다. 특히 젊은 세대, 24세 이하의 여성이 배우자를 가졌을 때의 이혼율의 상승은 급격하여 10대 여성의 10%, 20대 전반 여성의 5%는 이혼하고 있다. 1970년 경에는 이러한 연령대 여성의 이혼율이 1% 전후였다는 것을 생각하면 크게 신장되었다고밖에 말할 수 없다. 이러한 연령대의 여성의 대다수가 소위 '속도위반 결혼' —10대 여성의 결혼 사유의 82.9%, 20대 전반 여성의 63.3% (후생노동성 헤이세이 17년도(2005) '출생에 관한 통계')라는 것을 고려해도 젊은 여성들은 아이를 가지더라도 이혼하는 것을 택하고 있다. 설령 아이를 가진 싱글맘이 빈곤할 확률이 높다 하더라도, 결혼은 일생에 한 번 하는 것이 아니게 되었다. 로맨스를 또 다시 즐기는 것이 가능하게 되어— 실제로 결혼한 커플 중 4쌍 중 1쌍은 재혼자다— 젊은 여성은 '참는' 것보다 인생의 '재시작'을 선택하게 되었다.

2) 낭만적 사랑 이데올로기의 변용

낭만적 사랑 이데올로기란 사랑과 성과 생식이 결혼을 매개로 연결되는 이데올로기를 가리키는 것이다. 연애란 일생에 한 번 운명의 상대를 만나면서 찾아오는 것이며, 결혼에 의하여 정신적으로도 육체적으로도 연결되어 아이를 만들고, 기르고, 함께 죽어가는 것이었다. 서로 사랑하는 사이였다면 때때로 성관계가 우선되는 경우가 있었으나, 결혼할 것이라면 그것은 그다지 문제가 되지 않았다. 중매결혼과 연애결혼의 비율이 역전된 것은 1970년대 중반이며 또한 당시 여성의 미혼율이 2.5%(남성은 1.5%)였다는 점을 생각하면, 모두가 격렬한 사랑 끝에 결혼했다고는 생각하지 않는다(속된 말로 하자면 '결혼하지 않으면 살 수 없으므로, 적당히 타협할까?' 하고 생각하는 경우가 많았던 것이다. '근대가족'은 애정과 경제가 연결되어 있었기 때문이다). 연애결혼이라도 서로 애정을 가지고 있다고는 할 수 없으며 —남녀의 결혼은 "돈과 얼굴의 교환이다" 라고 오쿠라 치카코小倉千加子는 갈파했다(小倉 2003)— 중매 결혼이라도 '계기야 어쨌든 우리들은 운명적인 만남을 가졌다'고 낭만적으로 해석하는 커플도 있다.

사랑과 성이 연결되어 있기 때문에 강간이나 의도치 않은 유혹 등에

굴복하여 '순결'을 잃는 것은 여성이 유일하게 가질 수 있는 결혼 재산을 잃는 것이었다. 일본에 열심히 낭만적 사랑 이데올로기를 도입하려 한 기타무라 도우토쿠北村透谷가 '처녀'를 예찬한 것은 우연이 아니다. 낭만적 사랑과 처녀성은 서로 조합되어 만들어진 것이다.

일본의 제2물결 페미니즘인 우먼 리브ゥーマン·リブ는 처녀성이 결혼으로 향하는 패스포트가 된 것을 격렬하게 비판했다. 다나카 미츠田中美津는, 처녀성Virgin은 "여성이 태어나면서부터 가진 하나의 사유재산"이라고 하였으며, 이러한 의식구조가 여성을 '모성의 상냥함=어머니'라던가 '성욕처리기=변소'라는 형태로 분류했다고 말한다. 거기에 '모성(상냥함)'과 '이성SEX'을 분할하여 '여성' 전체 차원에서 대상의 회복이 목표시되었다고 이야기하였다(田中 1972→ 2001).

즉 1970년대의 우먼 리브는 '정조'가 결혼과 거래되는 참담한 성을 고발하였으나 1960년대의 성 혁명에서 예찬된 남성류의 프리섹스보다도 더 상냥함이나 성을 결부짓는 것, 사랑과 성의 완전한 일치를 목표하는 것으로 일부일처제에 근거한 결혼제도를 비판하였다. 이러한 의미에서는 혼인제도를 비판하면서도 사랑과 성의 일치라는 ('근대가족'의) 이상을 부정하지는 않았다고 이야기할 수 있을 것이다.

실태가 어찌되었든 이상으로서, 겉치레로서의 '사랑과 성의 일치'라는 규범은 (여성 측에는) 존재하였다. 그것이 붕괴하기 시작한 것은 1990년대다. 60년대의 성 혁명에 의해 70년대에는 '사랑이 있다면, 결혼 전에 성관계를 가져도 좋다'는 규범이 일부에서 나타나게 되었다. 1980년대에는 소비사회를 배경으로 드라마 '금요일의 아내들에게' 등에서 보이는 것처

'국가는 개인의 출산에 개입하지 마라.' 우생보호법 개정안에 반대하며 후생성 앞에서 연좌농성하는 우먼 리브 운동가들. 60년대 후반부터 미국에서 시작된 여성해방운동은 70년에 일본에도 확산되어 성차별 반대 운동의 붐이 일었다(1973년 5월 15일).

럼 기혼이라도 연애가 가능하다는 것, 또한 미혼자도 당시 유행한 많은 트랜디 드라마처럼 결혼 전에 연애를 즐기는 (즉 연애라는 형태를 취하면, 결혼으로 이어지지 않는 혼전 관계가 허용된다) 것이 가능하다고 간주되었다. 그러나 "사랑이 없어도 성관계를 가져도 좋다"[17]는 규범이 분명하게 출현한 것은 역시 1990년대였다.

90년대의 성규범을 특징짓는 현상의 하나로 '섹스 프렌드Sex Friend—

---

17) 물론 사랑과 결부되지 않는 '쾌락으로서의 성'을 주장하는 여성도 소수 존재하나, 그것이 남성에 의한 착취에 지나지 않는다며 고발, 후회하는 언설도 존재하고 있다. 리브는 학생운동의 와해 중 '10월 10일, 달이 차 태어난 오니고(鬼子)'라고 타나카 미츠(田中美津)는 표현하였는데(田中 1972 → 2001), 리브가 제기한 문제점들의 요점 중 하나가 학생운동에서의 '남성에 의한 여성의 성 착취'라는 것을 생각하면 역점은 분명히 후자에 있다.

일본에서는 약어로 セフレ라는 단어가 거론된다. 그때까지 섹스를 하는 것은 '연인'이었으나 이번에는 섹스를 하더라도 '프렌드Friend' 즉 '친구'일 수 있는 것이다. '섹스를 했으니까 책임을 지고 결혼해'라고 자신의 '정조'와 맞바꿔 결혼을 요구하는 것이나 '섹스를 했으니까 우리들은 연인이 될 수밖에 없어'라고 연인 흉내를 내는 것조차 '촌스러운' 것이 되어버렸다. 즉 사랑과 성과 결혼의 결부는 90년대에는 확실하지 않은 것으로 와해되기 시작된 것이다.

2000년대에 '진지하고 성실'하다고 평가받은 모 야구선수가 여배우를 포함한 다수의 여성과 양다리를 걸치고 그 교제 상대는 청혼하지 않아 초조한 나머지 매스컴에서 교제를 인정한 것만으로 일방적으로 이별을 통고 받았다(것 같다)는 보도가 있었다. '근대가족'의 규범이 강고하다면, '여러 여성의 정조를 가지고 놀면서 책임지지 않는 불성실한 남자'라고 비난당했을 것이나, 그에 대해 비판적인 보도는 거의 찾아볼 수 없었다. (나는) 점차 '규범이 바뀌었다'고 생각했다. 정조와 결혼이 교환조건이 되지 않을 뿐 아니라, 사랑과 성이 일치하지 않는 것도 허용되게 된 것이다.

후생노동성의 '출생에 관한 통계'에 의하면, 첫째 아이가 출생하기까지의 결혼기간 별 출생구성을 보면 실로 흥미로운 사실을 알 수 있다. 쇼와 50년(1975)에는 많은 경우 첫째 아이가 결혼 후 10개월 이내에 태어났으며, 많은 경우가 '허니문 베이비'였다. 이것이 쇼와 60년(1985)에는 조금 감소하여 6개월로 줄어들었다. 즉 속된 말로 임신 3개월 즈음에 결혼하는 '속도위반 결혼'이 선명하게 드러나기 시작한 것이다. 헤이세이 7년

(1995)에는 속도위반 결혼과 허니문 베이비의 수가 길항이었고, 헤이세이 16년(2004)에는 속도위반 결혼 수가 돌출된 반면, 허니문 베이비는 크게 줄어들어 첫째 아이 탄생까지의 기간이 장기화되게 되었다. 즉 많은 경우 결혼의 계기가 임신이었으며, 그렇지 않은 결혼의 경우 반드시 바로 아이를 만들지만은 않게 된 것이다.

'속도위반 결혼'은 가수 아무로 나미에安室奈美惠가 1997년에 20세 전후에 임신하여 결혼하게 되면서 단숨에 인지도가 상승하였다. 이 해에 결혼한 15세부터 19세의 여성 중 77%, 20세부터 24세까지의 47.8%가 아무로 나미에와 마찬가지로 속도위반 결혼이었다. 속도위반 결혼은 그 후, 마터니티マタニティ 잡지 등에서 '경사스런 결혼おめでた婚', '점지 받은 결혼授かり婚', '더블 해피 결혼ダブル・ハッピー婚' 등으로 불리게 되었으며, 시민권을 획득해 갔다. 2004년에는 10대 결혼 여성의 82.9%, 20세부터 24세 여성의 63.3%, 25세부터 29세의 23.9%, 30대에도 약 10%가 속도위반 결혼이었으며 실로 4명 중 1명 이상이 혼전 성교의 결과 '속도위반 결혼'을 하고 있었다.

속도위반 결혼을 한 사람들이 사랑과 성을 일치시키고 있는 연인 사이인지 그렇지 않은지는 모르나, 한 가지 확실한 것이 있다. 그것은 사랑과 성과 결혼이 일치하지 않더라도 결혼과 생식은 강고하게 연결되어 있다는 점이다.

일본의 속도위반 결혼의 비율은 미국의 싱글맘 비율과 거의 흡사하다. 일본 청소년의 8할은 아이가 생긴다면 남성이 '책임을 지고' 결혼하지만, (비록 이혼율도 높기는 하지만) 미국에서는 청소년기에 아이를 낳은 여성의 8할이 싱글맘이다. 일본에서 혼외정사로 인한 출생률은 1951년 21.9%를 마지막으로 감소하여 1%에도 미치지 못하는 해도 있었다. 혼외정사로 태어난 아이들은 사랑과 성과 생식을 결혼을 매개로 일치시키려 했었던 규범을 가진 '근대가족'과는 배반적인 것이며, '근대가족'에서 '아내의 자리'를 강화하는 것은 그대로 혼외정사로 태어난 아이들에 대한 차별로 이어지는 측면이 있다.[18] 따라서 일본에서 '근대가족'이 대중화된 시기의 혼외정사로 인한 출생률은 극도로 낮다.

〈그림 1〉 첫째 아이 출생까지의 결혼기간별로 본 출생 구성 비율

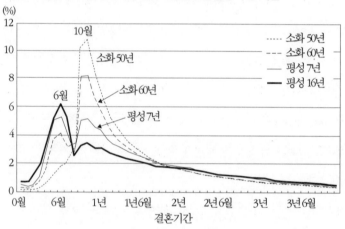

주: 1) 법률상의 혼인관계에서 태어난 첫째 아이에 관한 수치
    2) 결혼기간 미상을 제외한 총수에 대한 구성 비율
    3) 0월(태어난 달)과 동거를 시작한 달이 같은 경우
출처: 헤이세이(平成)17년도 출생에 관한 후생노동청 통계

그러나 1990년부터 혼외정사로 인한 출생률이 다시 상승하여 2005년

---

18) 여성이 적출자와 혼외자를 낳은 경우, 쌍방이 자신의 아이면서도 혼외자의 상속분은 적출자의 절반이다. 이 경우는 '아내의 자리'라는 의론과는 다른 논의가 필요하다.

에는 2%를 넘기고 있다. 일본에서 한 번 성립된 결혼을 '사랑과 성'으로 일치시키려는 경향은 미국 등에 비하면 매우 약하다. 즉 '사랑이 식었다', '따로 좋아하는 사람이 생겼다'는 말과 같은 이유로는 결혼이 해소되지 않는 것이다. 또한 혼외 연애나 성관계에도 관대하여 '가정을 붕괴시키지 않는다면 바람을 피우는 것은 견딜 수 있다' 등의 인식이 있었다. 앞에서 논한 것처럼 '가면부부'나 '가정 내 별거'라는 방법으로 살아가며 가족의 '형식'은 무너뜨리지 않는다. 연애의 규범은 상당히 붕괴되어 있는데 제도로서의 가족이라는 틀은 분명히 존재하는 것이 일본의 특징이다.

결혼과 생식 또한 강하게 연결되어 있다. 결혼하지 않고 아이도 낳지 않지만, 결혼할 경우 아이는 만든다. 즉 사랑과 성과 결혼의 결합은 매우 약하며, 규범이 변화해감에도 불구하고 결혼과 생식의 연결고리는 이상할 정도로 강하다. 그러나 혼외정사로 인한 출생률이 조금이지만 상승하는 경향도 있으며, 또한 아이를 가지지 않는 부부도 전후 3%로 안정되어 있었으나 이후 급격히 증가하여 5%를 넘기고 있다. 결혼과 생식의 연결고리가 완화되고 있는 것이다.

사랑과 성과 결혼의 연결고리가 끊어지기 시작하는 90년대의 성 혁명도 매우 파괴적이며 급격한 변화였다. 이후에는 결혼과 생식이 관계가 끊어질 가능성도 없다고는 할 수 없다. 소자화와 미혼화가 진행되어가는 중에 '결혼하지 않아도 좋으니, 아이만은 낳고 싶다'고 생각하는 여성이 증가하는 것도 이상한 것은 아니다. 그 때가 된다면 처음으로 낭만적 사랑 이데올로기가 완전히 붕괴되었다고 해도 좋을 것이다.

3) '모성' 이데올로기

전후에 '3세까지는 어머니의 손으로'라는 삼세아신화가 의도적으로, 역사적으로 만들어졌다는 것은 1장에서 서술하였다. 모성은 '모성본능' 등의 단어에서 알 수 있는 것처럼 '본능'과 연결되어 자연스러운 것으로 생각되어 왔다.

이 모성에 관한 규범과 관련하여 큰 변화가 두 가지 있다. 하나는 맞벌이 세대의 증가이다. 전후에는 압도적으로 맞벌이 세대가 적었으나 점차 증가하여 1990년에는 역전되기 시작해 1997년에는 완전히 역전되어 버렸다. 1991년에 소위 육아휴직법이 제정된 것은, 3세까지는 아니지만 1년간은 주로 어머니에 의한 육아가 가능하게 되어 계속 취업하며 보육하는 방법과 '어머니의 손으로'라는 보육법 사이에서 타협이 이루어진 결과이다. 임신을 계기로 한 이직률은 7할에 가깝고 육아휴직을 실제로 영위할 수 있었던 것은 일부 정사원 여성에 지나지 않았지만, '전업주부에 의한 양육'의 규범이 지닌 힘은 급속도로 저하되었다.

1999년에는 '주부는 가축이다'라는 과격한 슬로건 아래『죽어라! 전업주부』[19]라는 책이 프리라이터 이시하라 리사石原理紗에 의하여 출간되어 전업주부에 대한 비난이 일어났다. 그때까지 여성의 '신성한 직업'이었던 '전업주부'가 (페미니즘적 주장이라면 또 몰라도) 정면으로 비판받은 적은 없었다. 이시하라가 같은 해에『나, 아저씨 편입니다』라는 책을 출간

---

19) 출판은 『웃기지 마라 전업주부— 바보에게 바보라 말하는 것이 뭐가 나쁜가!』(1998) 등이 먼저다. 그 외에『안녕, 전업주부』(2000) 등도 있다. 『죽어라! 전업주부』라는 제목이 논쟁에서 사용되는 경우가 많으므로, 1999년의 『죽어라』를 대표로 하였다.

한 것에서도 알 수 있듯이, 전업주부 공격은 여성에 의한 여성 비판이기는 하지만 전업주부에 대해 사회에서 차가운 시선을 보내게 된 것을 대변하게 되었다고도 말할 수 있을 것이다. 같은 시기에 '신 전업주부 지향'으로서 '남편이 일, 아내가 가사'를 담당하는 종래의 성별 역할 분업 규범을 기초로 "전업주부의 남편에게는 일과 가사를, 자신은 가사와 취미를"이라는 지향성이 거론된 것도 흥미롭다(1998년 출판 '후생백서'). 모성은 여성만의 신성한 것이 아니게 된 것이다.

두 번째로, '가정' 이데올로기와도 관련되나 '가정'이 '프라이버시의 요새'가 아니게 된 것이다. 종래에는 '훈육'이라는 명목으로 아이들에 대한 폭력이 불가결한 것이라고 생각되었다. 그러나 1990년대 '어른스런 아이 Adult Children' ―알콜의존증 아버지가 존재하는 전형적인 기능부전 가족 하에서 성장해 삶의 어려움을 안고 있는 아이들― 이라는 단어가 유행하고, 『일본에서 가장 추한 아버지에게 보내는 편지』(1997) 등이 출판되어 가정이 '폭력'의 장이기도 하다는 것이 점차 분명해졌다. 특히 1999년에 수잔 포워드의 『독이 되는 부모Toxic Parents: Overcoming Their Hurtful Legacy and Reclaiming Your Life』가 번역되어 문제는 '독이 되는 부모', '독친'이라는 것이 분명히 언어화되어 인터넷 세계를 중심으로 정신적인 폭력을 행사하는 아버지들의 지배적인 태도 문제가 인식되게 되었다. 2001년에 소위 DV금지법이 시행되어 배우자 간의 폭력에 대한 법이 제정되나, 그 전인 2000년에 소위 아동학대방지법이 제정되어 부모가 자식들에게 행사하는 폭력도 단속의 대상이 되었다. 이들 '가정' 폭력이 인식됨에 따라 종래에 신화처럼 인식되었던 모친조차 폭력의 한 축일 수 있다 ―

특히 아이들을 지배하는 폭력의 경우, 어머니가 가정의 운영책임을 지고 있기 때문에, 어머니에 의한 폭력이 이루어지는 경우가 있다ㅡ 라는 주장이 분명해진다.

이처럼 '모성본능'에 대한 신화가 해체되어가나 '모성'은 또한 1980년에는 '오락'으로서 소비의 대상이었다. 80년대에는 '태아는 똥이다'라고 말한 시인 이토 히로미伊藤比呂美가 육아책『좋은 가슴 나쁜 가슴ㅡ 멋진 임신, 즐거운 출산, 밝은 육아, 성실한 가족계획』(1985)을 출판하여 임신이나 출산에 의한 여성의 신체 변화나 육아에 의해 새로이 '가족'이 되는 감각에 주목하여 이를 언어화하였다. 또한 만화가 우치다 슌기쿠內田春菊의『우리들은 번식하고 있다私たちは繁殖している』(1994년에 두마고상20) 수상)도 또한 자신의 신체에 발생하는 미지의 일이라 할 수 있는 임신이나 출산 그리고 육아에 대해 유머를 담아 '즐겁게' 그리고 있다.

종래에는 여성의 운명에 불과했던 임신이라는 행위를 이들 저작은 '레저'로서 즐길 수 있는 것으로 제시하였다. 흥미로운 것은 여성에게 '모성'은 자연스러운 행위가 아니라 '미지'의 일이기 때문에 대상화하여 즐기는 것이 가능할 수 있다고 한 점이다. 또한 베넷세에 의해『올챙이たまご 클럽』,『병아리 클럽』이 1993년에 창간되어 출산은 부부가 즐길 수 있는 이벤트라는 색채를 강하게 드러냈다. 현재 현란한 이름을 지닌 아이[21]가 많은 것도 이『올챙이 클럽』,『병아리 클럽』의 영향이라고 이야기된다.

---

20) Bunkamura(文化村: 동경, 시부야에 있는 대형복합문화시설. 운영자는 인접지에 있는 도큐백화점 본점을 소유한 도큐 그룹(東急グルー기으로 1989년에 개업했다)가 주최하는 문학상*.
21) 한자를 제멋대로 읽는 것을 가리킨다*.

이러한 '모성'의 레저화에 의해 불임 여성의 고통은 '후사를 낳으라는 이야기를 남편이나 시어머니에게 듣는 것'이 아니라 오히려 '자신이 출산을 '즐거워하고' 싶다는 것이 된다. 육아를 '즐기고' 싶은데 그 기회가 주어지지 않는다'는 것으로 변화하였다. 육아의 레저화를 단적으로 보여주는 현상으로서 아이들의 희망 성별을 묻는 것에 '여아'라고 대답하는 경우가 점차 증가하고 있는 것을 들 수 있다. 예를 들어 국립사회보장, 인구연구소의 '출생동향 기본조사'(부부조사)에서는 1997년부터 여아를 기대하는 여성의 비율이 남아를 기대하는 비율을 넘어섰으며, 2002년에는 51.5%였다. 남성이 여아를 기대하는 비율도 해마다 증가하여 2001년에 48%였다. 여기에는 '후사보다도 장래에 (자신을) 돌봐줄 수 있는 여아를'이라는 성별 역할 분업 기대도 물론 있었으나, 아이를 기르는 것이 즐겁다는 의식 또한 관계되어 있다는 것은 틀림없을 것이다.

4) 정치적, 경제적 단위로서의 가족 ― '가족' 단위로부터 '개인' 단위로

페미니즘적 주장의 핵심은, 근대에 만들어진 '가족'을 경제적·정치적인 '단위'로 다루는 것을 중지하고 여성을 '개인'으로서 다루는 것에 있었다. 여성에게 시민권을 주지 않는 것은 남편이 세대를 대표한다고 생각했기 때문이다. 예를 들어 어떤 경우에든 아내가 의견을 표명하는 것은 쓸데없는 것이다. 가족은 일심동체이기 때문에 아내나 아이들은 아버지와 같은 의견이어야 하기 때문이다. 한 가정에 주인이 둘 있을 필요는 없다.

이처럼 남편에게 법적·경제적·사회적으로 종속되는 것을 싫어해 독신을 관철한다 하더라도 여성은 차별로부터 자유로울 수 없었다. 가계의 단위가 가족으로 간주되어 남성에게 가족임금이 지불되고 있기 때문에 여성의 임금이 가계보조적인 것으로 생각되어 낮게 책정되어 있기 때문만은 아니다. 여러 가지 수당뿐만 아니라 세제 등도 결혼한 남성에게 유리하도록 (그리고 독신에게는 불리하게, 기혼 여성은 가정보조라는 틀을 넘어 과도하게 일하지 않는 것이 유리하도록) 만들어져 있기 때문이다.

이러한 사태에 종지부를 찍은 것은 젠더 평등을 요구하는 사상이 아니라 오히려 격차를 확대하려 한 신자유주의 조류였다는 것은 역설적인 일이다. 신자유주의는 '큰 정부'의 폐지를 주장하는 것에서 알 수 있듯이 '공적'인 것을 줄이고, '사적' 영역인 시장을 확대하여 '사'영역화해 간다는 의미에서 사유화Privitization를 추진하는 사상적 실천이다. 그것도 '관(공)으로부터 민(사)으로'라는 교묘한 슬로건을 사용하여 정확히는 '국가로부터 시장(기업)으로'라고 할 수 있을 것이다.

또한 '사'적 시장과는 분리된 시민적 '공'공성의 영역을 만들거나, 사회적 연대를 만들거나 하는 것도 또한 곤란한 작업이었다. 왜냐하면 자기책임Personal Responsibility이라는 단어에서 전형적으로 보이는 것처럼 '개인'이 '사적'으로 사회 시스템의 결과를 자신의 책임으로 받아들일 것이 요청되어 시스템의 문제, 어떤 의미에서는 '사회적'이고 '공'공적인 문제로서 이의를 제기하는 것은 제멋대로이며 깨끗한 것이 아니라고 비판받게 되었기 때문이다.

나는 신자유주의의 큰 특징 중 하나는 그것이 '공'과 '사'의 분할선을 자유자재로 움직여 재정의하는 점에 있다고 생각한다. "개인적인 것은 정치적인 것이다 —The Personal is Political"— 라는 것이 제2물결 페미니즘의 슬로건이었는데 이것을 모방하자면 "개인적인 것은 개인적인 것이다"가 신자유주의의 슬로건일 것이다. 하지만 '사'기업의 이익은 '관'인 '행정기구'보다도, 개인보다도 '공'공성을 가진다고 생각되는 것은 모순적이다.[22]

기업은 노동자에게 필요 이상의 복리후생을 주거나 보호하는 것을 거부하게 되었다. '노동자에게 전업주부인 아내가 있거나 어린 아이가 있다고 하여, 그것이 어쨌다는 것인가? 왜 그들을 위하여 여분의 비용을 사용해야 하는가? 노동한 것 이상으로 지불할 필요가 없기' 때문이다. 일본형 경영이라 할 수 있는 연공서열과 종신고용, 기업별 노동조합 —실제로는 막 졸업한 사람들을 일괄 채용하여 동기로 입사시켜 출세 경쟁을 하게 하는 시스템— 으로, 기업에 대한 충성 정신을 함양하는 것이 아니라 노동력의 유동화가 목표시 되어 인건비의 삭감이 행해졌다. 기업은 '세대주'에게 급여를 주는 것이 아니라 '개인'에게 급여를 준다는 명분을 채택하게 된 것이다.

이러한 고용관행의 변화에 의해 일부 소수는 —일본형 경영이란, '건강한健常者' 일본 남성 피고용자 사이의 평등을 달성하는 것으로, 그 이외의 소수는 경쟁에서 처음부터 배제되어 간다.— 극히 일부이긴 하지만, 기업 속에 위치 짓는 것이 가능해졌다. 물론 차별이 존재하지 않는 것은 아니다. 특히 소수가 비정규 고용직과 친화적일 것이다. 그렇다 하더라도

---

22) '관'이 '공'공성을 가지지 않는 것은 세금이라는 '공'적인 돈을 흩뿌리면서, '사'적인 이해만을 생각하는 관료들에 의해 주도되기 때문이며, 따라서 정치가가 이니시어티브를 취할 필요성이 있다고 주장되었다.

신자유주의 하에서 자본이 바라는 신체라는 것이 구체적인 형상을 가지지 않는 것은 아닐까 생각하게 만드는 부분이 있다.

일본형 경영 하에서는 '결혼하는 것으로 한 사람 몫을 하게 된다'고 이야기되며 일을 맡게 되거나, 이혼으로 인해 출세 코스로부터 탈락하는 일이 일상적으로 발생하였다. 그러나 지금은 미혼으로 인해 불리한 평가를 받는 상황이 극적으로 변화했다. 일부 교활한 기업들은 젊은 여성의 노동력을 착취하기 위해 허울뿐인 정사원의 이름을 주어 혹사한 뒤 내버리고 있다. 성적 소수인 것도 이전과 비교하여(어디까지나 비교의 문제지만) '개인적인 것'으로 간주되었다.

세제나 사회복지의 단위도 '가족'으로부터 '개인'으로 옮겨갔다. 나의 보험증은 최근 가족 단위로부터 개인단위 카드 방식으로 바뀌었다. 배우자 특별 공제는 폐지되었고, 이혼 시 남편의 노령후생연금의 표준보수부분을 분할하여 받게 되었다. 전자는 실질적인 증세, 후자는 만일 생활이 불가능해졌을 때의 생활보험이나 아동부양급여 등의 비용을 실질적으로 삭감하려는 움직임이라고 말하지 못할 것도 없으므로 '개인'화라는 것도 하나의 방편일지 모르겠다.

그러나 이러한 움직임은 불가피한 것이다. 어떠한 생활방식을 가지더라도 불공평하지 않은 '싱글 단위'의 중립적 세제나 사회보장제도는 공평성의 관점으로부터 필요하다고 생각되고 있다. 그러나 아이들에 대한 급여와 배우자 공제 폐지에 대한 논의가 함께 이루어지고 있으나, 아내가 일하느냐, 하지 않느냐에 따라 남편의 공제액이 변화하는 것은 생활방식의 공평성이라는 관점에서 본다면 적절하지 않다. 게다가 아이들에 대한 원조는 가족에 의한 격차의 재생산 문제와 깊은 관계가 있다. 아이들 본인이 복지의 혜택을 받을 수 있는 체제를 만드는 것이 요구된다.

5) 성별 역할 분업의 동요

일본형 경영이 급속히 무너지고 남성의, 특히 젊은 세대의 비정규 고용화가 진행됨에 따라 비정규 고용직에 관한 문제가 세간을 떠들썩하게 하고 있다. 실제로는 비정규 고용의 문제는 이전부터 계속 존재하고 있었다. 주부의 파트타임 문제가 그것이다.

일본의 파트타이머는 '동일 노동, 동일 임금'의 원칙과는 거리가 멀며, 같은 일을 해도 고용 계약형태가 다르다는 이유만으로 정사원과 임금부터 사회보험에 이르기까지 대우가 다르다. 여성, 특히 일을 그만두었다가 재취업하는 주부는 오랜 기간 정사원이 되지 못하고 비정규 고용으로 일해 왔다. 또한 경기의 안전 벨브와도 같아 경기가 나빠지면 계약을 해지당하고 정리해고 되어 왔다. 그러나 고용의 문제가 사회문제가 된 것은, 남성들의 고용이 줄어들고 비정규 고용화되었기 때문이다. 영어로는 주 수입원을 breadwinner, 즉 빵을 벌어오는 자라고 한다. 일본어로 하자면 대들보大黑柱라고 할 수 있을까? 표준적인 일본 남성의 코스는, 결혼하여 Breadwinner가 되는 것이었으나, 1990년대부터 2000년대에 이르면서 노동의 규제가 완화되어 한 가정을 지탱하는 수입원이 되기 어려워졌다.[23] 이런 자들 중 가장 큰 비중을 차지한 것은 정리 해고된 고소득 관리

---

23) 물론 여성의 고용은 남성보다 훨씬 나쁘며, 비정규 고용직도 대부분 여성이다.

직 세대와 졸업 후 일괄채용 시스템 속에서 취직하지 못하고 비정규 고용직에 취직하여 정규 고용될 수 없는 20대였다. 졸업 후 일괄채용이라는 시스템에서는 같은 시기에 졸업하는 동기들은 똑같이 경기의 변동을 받는다. 리먼 쇼크 이전에 취직한 세대와 그 이후는 하늘과 땅만큼의 차이가 있다.

그러나 취직난의 원인 모두가 '경기의 변동'으로 환원될 수 있냐고 한다면 그것은 아니다. 경기의 변동도 물론 원인 중 하나이나 큰 요인은 1995년의 '신 시대의 일본형 경영'에서 보이는 것처럼 의식적으로 노동력의 비정규화가 진행된 것이다. 한편으로는 불안정고용이면서도 극단적인 고액을 보장하는 하이리스크 하이리턴인 외자계外資系, IT 기업 등이 출현했다. 모두가 600만 엔에서 900만 엔 정도의 수입을 올리고, 같은 시기에 입사한 동료와 경쟁하는 것에 의의를 두었던 표준 코스는 줄어들고 고용조건의 격차가 확대되었다. 구조가 변동하고 있기 때문에 경기가 회복되어도 이전과 같은 시스템으로는 돌아가지 않을 것이다.

일본형 경영이 붕괴함에 따라 남성 세대주를 안정적인 수입원으로서 기대할 수 없게 된 동시에 전업주부 또한 '사치스러운 것'이 되었다. 적어도 남녀고용기회균등법 이후 기업은 성별이 아니라 코스별로 인사를 행하게 되었으나 종래의 '차를 끓이고 커피를 타 오는' 일은 (여성의) 비정규 고용직에서 맡게 되고, 임시 일반직 상태에서 사내결혼을 해 전업주부가 되어 기업에 부부 모두가 헌신한다는 60년대적 모델을 바라는 여성은 기업에게도 '코스트'에 지나지 않게 되었다. 단기 대학의 인기가 추락한 것도 이러한 코스가 사라진 것과 연동하고 있다.

1990년『가부장제와 자본제』에서 우에노 치즈코는 가부장제에는 물질적 기반이 있으며 그것은 남성에 의한 여성의 가사 노동 착취라고 주장하였으나,[24] 지금은 그러한 주장이 거의 지지받지 못할 것이다. 이 책에서는 대부분의 여성이 '결혼'하는 것을 전제로 하고 있기 때문이다. 그러나 이 명제는 적어도 1990년대 여성들의 현실을 보여주고 있다. 지금이라면 '가사의 문제가 홀로 사는 나와 무슨 상관이 있는가?'라고 당장 말할 것이다. 참고로 여성이 일생 동안 미혼일 확률은 10%에 가까우며 스기나미구杉並区나 미나토구港区[25]의 30대 여성의 절반 이상은 미혼이다. 여성이 사랑에 빠져 결혼을 하고 섹스를 하여 아이를 갖는다는, 즉 같은 라이프 코스에 도달하는 예상은 공유할 수 없게 되었다. 전후에 태어난 우에노 자신은 최초의 연구 주제로서 주부를 선택한 이유를 "혹시 내가 어머니와 같은 인생을 보낸다면… 결혼한다면 주부가 되는 것이 내 세대의 미래였다… , 나의 운명이란 무엇일까라는 의문"(風間·ヴィンセント·川口 1988: 47 — 다만 구독점 등은 문장의 의미가 통하도록 일부 변경)이 있었기 때문이라고 여성이 주부가 되는 것이 당연하다고 생각되었던 시대에 살았던 것을 증언하고 있다.

미국에서는 일찍이 전업주부라는 외벌이모델을 탈피하여 70년대부터는 맞벌이모델로 전환했다. 일본에서는 그 전환이 실로 늦어 1985년에 행해진 개혁조차 전업주부의 보호와 일하는 여성의 창출이라는 얼핏 보면 모순된 움직임이 있었다고 앞에서 서술하였다.

---

24) 2장 참조.
25) 둘 다 도쿄의 행정구역인 23대 구(区) 중 하나.*

외벌이는 이미 리스크가 큰 선택이 되었다. 수입원이 하나라면, 정리해고되거나 병에 걸리는 것과 같은 예측 불가능한 사태에 대응할 수 없다. 남성이 기대하는 여성의 라이프 코스는 1987년에는 전업주부가 37.9%나 됐지만, 2005년에는 12.6%까지 떨어졌으며 양립을 바라는 것은 10.5%로부터 38.2%로 증가하고 있다(국립사회보장 인구연구소 '출생동향기본조사' 2005).

결혼을 계기로 한 여성의 계급상승은 줄어들고 있다. 하시모토 겐지橋本健二는 SSM조사 데이터를 근거로 1995년과 비교하여 2005년에는 결혼에 의한 계급상승이 급격히 줄었다는 것을 분명히 하고 있다(橋本 2007). '다마노코시玉の輿[26)]'가 줄어든 것이다.

여성이 전업주부가 되는 시대에는 '예쁜 아내'라는 조건이 우선되었을 지도 모르지만, 맞벌이가 기준이 되면서 배우자 선택의 기준은 변화하였다. 지금부터는 결혼상대에게 자신과 동일한 계층에 소속되어 있을 것이('수입원으로서의 결혼') 요구되고 있으나, 고용이 불안정하여 한 치 앞도 보이지 않기 때문에, 조건이나 '균형'에 무게를 두지 않거나 함께 즐겁게 살 수 있는 사람을 고르거나 '(남녀의 역전혼을 포함한) 취미로서의 결혼'을 고르는 등 극단적으로 분화해가는 것은 아닐까?

육아에 열심인 남성을 가리키는 '이쿠멘イクメン'이라는 단어가 최근 유행하고 있다. 또한 신 전업주부 지향에서 전형적으로 보이는 것처럼 자신이 전업주부라도 남편에게 일도 가사도 요구하는 경향이 강해지고 있다.

---

26) 귀인이 타는 가마를 가리키는 말로 좋은 집안에 시집가는 것을 비유하는 말이다*.

종래와 같이 '가족을 금전적으로 부양하는' 것이 '남자다움'이며 그것만 있으면 남편으로서의 책임을 완수하였다는 성별 역할 분업에 지나치게 기대는 것은 지금 시대, 젊은 세대에게는 리스크가 크다고 생각되는 것은 아닐까? 또한 '육아의 레저화'와 함께 육아를 '의무'로부터 '즐거움'을 위한 '권리'처럼 생각하는 발상의 전환이 일어나고 있는 것으로 보인다.

육아와 노동을 강조한 이쿠멘에 관한 한 책의 표지

4. 가족의 변용과 사회

지금까지 '근대가족'의 변화를 추적하였다. 현재 완전하게 포스트 '근대가족'이 출현하고 있다고는 할 수 없으나 '근대가족'이 크게 흔들리고 있다는 점 그리고 그 변화는 아마도 불가피한 것이라는 것은 분명하다. 이러한 현상을 포함하여 현대 가족의 변화를 어떻게 생각해야 좋을 것인가? 지금부터 검토해보도록 하자.

1) '애정'으로부터 '책임'으로

'근대가족'의 변화로서는 우선 가족이 '애정'으로부터 '책임'의 공동체로 이행한 점을 들 수 있다. '근대가족'에서 가족의 행위를 정당화하는 어휘는 종래에는 '애정'이었으나(山田 1994), 현재에는 '합리성'으로 변화하였다. 예를 들어 '근대가족'에서 가족의 역할을 수행하는 근거로서는 '애정'이 거론되었다. 그 예로 '가족을 사랑하고 있다면, 아내는 요리를 해야 한다', '아이들에게 애정이 있다면 아내는 일을 그만두어야 한다', '가족을 생각한다면 남편은 모든 것을 참고 일을 그만두어서는 안 된다' 등의 말이 있을 것이다. 애초에 '근대가족'은 애정이 응축된 공간이며 애정과 경제가 결합된 공간이었다.

그러나 현재에는 가족에 관한 행위가 반드시 애정에 근거하는 것이 아니다. "가사에 많은 시간을 사용한다면, 가사 도우미에게 돈을 지불하여 가족이 함께 시간을 보내는 것이 '합리적'이다", "연 수입이 적은 측이 육아휴직을 얻는 것이 세대 단위의 전략으로서 '합리적'이다" 등 '합리성'에 근거한 설명은 이전이었다면 도저히 받아들일 수 없는 것이었으나, 지금은 그렇지도 않다. 가정은 이해득실로부터 자유로운 사적인 영역이었으나 지금은 가정이라는 영역에 '시장의 논리'가 사용되는 것에 대한 저항감은 그다지 없다.

이러한 것을 무엇보다도 현저하게 드러내는 것이 배우자 선택일 것이다. 예전이었다면 비록 조건에 끌린다 하더라도 겉으로는 '사랑에 빠질' 필요가 있었다. 그러나 지금은 결혼이 취직활동처럼 '결혼 활동'='혼활婚活'이 필요해졌다. 자신이 일생 동안 일할 (가능성이 있는) 기업의 현상을 분석해 자신에게 맞는지 냉정하게 검토하여 기업에게 선택받으면 취직한다는 취직 활동과 결혼이 같은 것으로 취급되게 되었다. 인터넷 용어로 자주 사용되는 '스펙Spec'이라는 단어가 ―원래 컴퓨터 용어로 개인 컴퓨터가 어떤 파트나 조합으로 구성되어 있는지를 가리키는 것이었으나, 의미가 바뀌어 사람의 '신체적 특징, 취미, 학력, 일 등의 계급'을 가리키게 되었다[27]― 연애상대의 능력을 표현할 때 사용되게 된 것은 이러한 것을 단적으로 보여주고 있다.

1990년대 이후의 급격한 변화에 따라 '가족'의 처지는 모순에 넘치게 되었다. 정부에 의해 여러 가지 '경쟁'이 장려되고 있음에도, '작은 정부'의 기치가 걸려 있기 때문에, 경쟁을 위한 능력을 연마하는 장소나 경쟁에 패하였을 때 물러나는 장소로서, '가족'이 큰 역할을 담당하지 않을 수 없다. 그러나 이 '가족'의 힘, 가족이 어느 정도의 복지를 담당하느냐에 대해 논의하는 것 자체가 큰 격차의 문제이며, 선택의 여지는 적다. 금전적인 면에서 부족함이 없는 계층은 여러 가지 서비스를 재화로 구입하는 것조차 가능하지만, 그렇지 못한 계층은 자신들이 해결할 수밖에 없다. 중산계급적 가치가 추락한 현재, 어떠한 가족 형태인지, 어떠한 가족을 만들지에 관한 것은 절실한 문제로 의식되었다.

신자유주의적 사회에서는 모든 것이 '자기 책임'이라고 생각되나 사실 책임의 최종 단위는 '자신'이 아니라 '가족'이다. 영국의 마가렛 대처 전 수상은 "사회라는 것은 존재하지 않는다. 개인만이, 남자와 여자만이, 가족만이 존재하고 있다. 정부라는 것은 사람들을 통하지 않으면 아무 것도 할 수 없으며, 사람들은 자신을 의지하는 것이 선결되어야 한다"고 이

---

27) はてなキーワードで부터 http://d.hatena.ne.jp/keyword/&A5&B9%A5%DA%A5%C3%A5%AF(2010년 12월 10일 입수).

야기하였다.[28]

'사회'가 존재하지 않는다는 것은 공공적인 공간 등의 공공성에 관한 부정을 의미하나, '자기자신을 의지하는 것이 선결되어야 한다'고 이야기하면서 실제로는 '남성과 여성 개인Individual Men and Women' 그리고 그 남녀들로 구성된 '가족Families'이 최종적인 책임의 단위로 생각되고 있다. 이처럼 영국에서는 전통적이라고 생각된 '핵가족'의 가치가 칭송되어 아이들이 범죄를 저지른 경우에는 부모가 '책임'을 지는 것이 의무화되었다.

미국에서도 사정은 마찬가지다. 1989년 캘리포니아 주는 아이들의 범죄행위를 저지하지 못한 부모에 대해 징역 1년형과 2,500달러의 벌금형을 부과하는 것을 가능케 하도록 법률을 제정했다. 1991년 뉴햄프셔 주는 자신의 아이들이 포르노에 출연한 경우 그 부모에게도 죄를 묻기로 결정하였으며, 아칸소 주의 다모트에서는 '무책임한 부모'라는 자막을 붙여 지역신문에 사진을 실어 마치 징벌대에 올리는 것과 같은 일을 하는 것을 가능케 하는 조례를 시행하였다. 미시시피 주의 주법원은 무단결석한 학생의 부모에게 징역 1년형과 1,000달러의 벌금을 부과하는 것을 가능하게 하였다. 몇몇 주에서는 실험적으로 학교를 빼먹는 10대 아이들이 있는 가정이 복지수당을 받고 있는 경우, 금액의 지급을 정지하는 조치를 시범적으로 시행하고 있다(Coontz 1992=1998: 172).

일본의 경우 위처럼 극단적이지는 않다. 그러나 2003년 나가사키長崎

---

28) Prime minister Margaret Thatcher, 'Talking to Women's Own Magazine,' October, 31, 1987.

에서 유아살해사건이 일어났을 때, 정부의 청소년육성추진본부의 부본부장 고우노이케 요시타다鴻池祥肇 참의원(당시 방재담당대신)이 "부모를 시 한가운데로 끌어내려 목을 잘라버리면 좋을 것을"이라고 발언한 것을 생각하면 가족이 더 이상 '애정과 프라이버시'가 넘치는 사적 영역이 아니게 된 것은 명백해졌다. 이 발언을 '전근대적'인 '이에' 제도로 해석하는 사람도 있을지 모르나, 실제로는 오히려 가족의 책임윤리가 '새롭게' 출현했다고 보는 것이 옳을 것이다. 공공적인 공간이 해체되어 사적인 영역이 비대화되면서, '자기책임'의 범위는 '가족'에까지 미치고 있다. 이러한 의미에서는 '가족'은 새롭게 국가의 단위로 재편되고 있다고 생각할 수도 있을 것이다.

2) 가족에 의한 격차와 가족환상

중산계급적인 '근대가족'의 규범이 느슨해진 것뿐 아니라, 실제로도 중산계급적인 '근대가족' 생활을 경험한 사람들의 수가 적어지고 있다. 그것은 첫째로 고용의 유동화에 의해 중산계급적인 생활을 보장할 수 있는 안정적인 수입을 얻는 사람들이 감소하고 있으며, 둘째로 결혼하는 사람들이 크게 줄고 있기 때문이라고 할 수 있다.

우선 맞벌이 세대수가 외벌이 세대수를 넘어 증가하고 있다는 경향이 존재한다는 것은 앞에서 서술하였으나, 일본도 점차 외벌이의 '근대가족'을 모델로 한 제도설계로부터 싱글 단위의 제도설계로 이행하고 있다. 이러한 때에 외벌이 세대와 맞벌이 세대, 또한 생활을 위하여 맞벌이를 하지 않을 수 없는 맞벌이 세대와 엘리트 부부들의 맞벌이는, 남성 수입원과 전업주부를 짝으로 한 모델인 '근대가족' 시대와 비교하면 개인의 임금격차 확대를 넘어서 더욱 격차가 커질 가능성이 있다.

국립사회보험 인구연구소의 '출생동향기본조사'에 의하면, 남성이 기대하는 여성의 라이프 코스 중 전업주부의 비율은 1989년에는 37.9%였으나 2005년에는 12.6%밖에 되지 않는다. 또한 일과 육아의 양립을 바라는 경우는 1989년의 10.5%부터 28.2%로 급격히 증가하였다. 풍족한 생활을 하기 위해 정리해고 등에 대비한 정신적, 현실적인 보험으로서 등 여러 가지 이유가 있을 것이나, 남성은 여성의 '수입'을 기대하게 되었다 — 적어도 남편이나 아이를 잘 돌봐주었으면 한다는 기대는 급격히 감소하고 있다고 말할 수 있을 것이다.

맞벌이 세대의 증가를 고려하여 2007년 정부와 노동자와 사용자의 합의에 의하여 일과 생활을 위한 조화(워크Work, 라이프Life, 밸런스Balance) 헌장이 제정되었다. 여기에는 '국민 한 사람 한 사람이 보람이나 충실함을 느끼면서 일하고 일의 책임을 지는 것과 동시에, 가정이나 지역생활 등에서도 육아기, 중등, 고등학생기라는 인생의 각 단계에 대응하여 다양한 삶의 방식이 선택, 실현될 수 있는 사회', 구체적으로는 취업과 노동에 의하여 경제적 자립이 가능한 사회, 건강하고 풍족한 생활을 위한 시간이 확보될 수 있는 사회, 다양한 직장, 생활 방식을 선택할 수 있는 사회를 목표로 할 것이 선언되었다.

육아 지원에서 일과 생활의 조화를 지원하는 것으로 전환되었다고 할 수 있으나, 헌장 자체가 '현실'이 '안정된 직장에 취직하지 못하고, 경제적으로 자립하는 것이 불가능한' 상황에서 일과 생활의 조화를 꾀한다는

목표는 어떤 의미에서 피상적이라고 말할 수 있을 것이다. 안정된 직업
이 없는 인간이 워크Work와 라이프Life 사이에서 밸런스Balance를 잡는
것은 어렵다.

〈그림 2〉 남성이 기대하는 여성의 라이프 코스

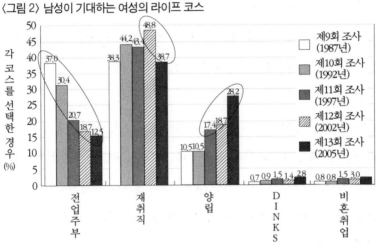

주: 제13회 생산동향기본조사 http://www.ipss.go.jp./ps-doukou/j/doukou13_s/chapter3.

특히 비정규 고용자가 육아휴직을 얻는 것은 법률적으로는 가능하지
만, 임신을 한 파견사원이 파견회사와의 계약갱신을 거부당하는 사태는
빈번히 발생하고 있다. 40대의 기혼여성이며, 연 수입 400만 엔 미만이
고 아이가 없는 경우는 20.7%이나, 400만 엔 이상인 경우에는 대략 10%
에 지나지 않는다(헤이세이 17년도(2005)판 '국민생활백서').

또한 이러한 상황에서 부모로부터 원조를 받을 수 있느냐, 아니면 부
모에게 원조하지 않으면 안 되느냐에 따라 아이들 세대의 상태는 크게
변한다. 여러 가지 의미에서 가족이 '자원'이 되는 계층과, '속박'이 되는

계층이 분화되는 것이다.

다음으로 결혼한 사람이 대폭으로 감소했다는 것을 검토해보자. 현재 여성의 미혼율은 대략 10%, 남성은 대략 20%이나, 증가하는 경향을 보이고 있다. 근대에 들어서 특정 신분의 인간뿐만 아니라 모두가 결혼하는 '재생산의 평등'이 발생했다. 그러나 현재에는 결혼의 가능성에 수입이 영향을 끼치는 '재생산의 불평등'이 일어나고 있다. 예를 들어 45세부터 49세 남성의 독신율은 수입이 1만 엔 미만인 경우 49.1%이며, 순차적으로 감소하여 1,000만 엔 이상인 경우는 3.3%에 지나지 않는다(橋本 2009: 83). 연 수입이 적으면 결혼의 가능성은 감소하는 것이다.

이러한 점 때문에 최근에는 '가족'이나 '연애'에 대한 동경이 급격히 강화되고 있다. 2008년에 아키하바라秋葉原에서 발생한 무차별 살인사건을 일으킨 K는 하켄키리派遣切り[29]에 절망하여 흉악한 짓을 저질렀다고 하는데, "얼굴만 잘생기면 여자 친구가 생겼을 것이고, 여자 친구가 생겼다면 성격도 왜곡되지는 않았을 것이다"(浅野 2008: 190)라고도 인터넷에 쓰여 있었다.

현재 미혼율은 상승하고 있으나, 결혼하고 싶지 않다고 생각하는 경우는 많지 않다. 약 9할에 가까운 사람들은 언젠가 결혼하고 싶다고 생각하고 있다. 의도하지 않은 결혼이라면 하지 않아도 좋으며 운명의 사람과 만나지 않은 것뿐이라고 생각하기 때문이다. 그 결과 연애, 특히 결혼과 연결된 연애의 가치가 이상할 만큼 높이 치솟고 있다.

---

29) 파견계약노동자를 사용하는 기업 등 파견처 사업소에 대하여 파견자인 인재파견업자와 당 해당노동자의 파견계약을 해지하는 것. 또는 파견계약의 해약과 함께 당 해당 파견노동자가 인재파견업자에 의하여 해고 혹은 고용계약의 갱신을 거부당하는 것*.

최근에는 "수입이 적으면 '결혼도' 할 수 없다"는 이야기가 나오고 있다. 그것은 통계적으로는 사실이다. 다만 '결혼'의 가치를 무조건적으로 긍정하는 것도 그 나름대로 위험하다. 조금 더 말하자면, 수입이 적은 세대(400만 엔 이하)에서는 아이가 없는 비율도 높으나, 4인 이상 가족인 경우도 가장 많다. 아이가 없거나, 많이 있는 두 층으로 분리된 것이다.

모두가 결혼한다는 '근대가족'의 자명성이 붕괴된 다음, 가족은 어디로 가는 것일까? 지금만큼 친밀성과 관련된 다양하고 새로운 이야기가 서술될 필요가 있는 시대도 없을 것이다.

2부

가족의 근대와 일본

4장
가족사회학에서의 '이에家'

1. 일본의 가족사회학의 문제구성

일본의 가족사회학 문제구성의 특징은 첫째로 그 문제의 중심에 '이에家'가 존재한다는 것이다. 예를 들어 가족사회학에서 행하는 일반적인 구분의 하나로 '현대가족'론과 '전통가족'론이 있다. 간단히 말하자면, 제2차 세계대전의 종전을 하나의 분기점으로 하여 전후 '이에'가 일소되어 새로운 '가족'이 탄생했다는, '이에로부터 가족으로'라는 변동론에 근거하여 새로운 전후의 '가족'을 논하는 것이 '현대가족'론이다. 이에 비하여, 종전 후 '이에'가 일소되었음에도 불구하고 전전, 전후에 연속되는 전통적인 '일본의 가족'인 '이에'나, '이에'로 대표되는 일본문화가 존재하고 있다는 문화론에 의거하는 것이 '전통가족'론이다. 양자는 얼핏 보면 정반대인 것 같으면서도 '이에'로부터의 일탈, 혹은 '이에'의 연속성을 찾는 등 '이에'를 논의의 중심으로 하고 있다는 점에서는 공통점이 있다.

두 번째 특징으로는 제2차 세계대전의 종전에 의한 분할선의 문제가 있다. '이에'가 가족사회학의 문제구성에서 중심적인 위치를 점하고 있는 개념이라는 것은 앞에서 서술하였다. 그 전제에는 종전에 의해 '이에'가 일소되거나 적어도 제도적으로는 폐지되었다는 생각이 존재하고 있다. 여기에서 이 장의 결론을 조금 빨리 말하자면, 전후 '이에'가 폐지되었다는 전제가 있기 때문에 '이에'가 강고한 일본의 가족의 특징으로서 간주되게 되는 역설적인 현상이 발생하였다.

또한 전전과 전후의 단절은 '이에'의 존재 양식이 단절되었다는 것에 그치지 않는다. 사실은 가족사회학의 지적 양식 그 자체가, 전전과 전후로 단절되어 있다. 전전의 가족연구는 지금으로 말하자면 법제사나 민속학, 농촌사회학 등 여러 가지 분야에서 상호 연관되어 진행되었으나 전후에는 그 방식이 일변하였다. 전전에는 그 존재가 미약했던 친족론이 '가족사회학'이라는 분야에서 논해지게 되어 전통가족론은 '농촌사회학'이나 '민속학' 분야에 주로 매진하게 되었다. 특히 전전 농촌사회학 분야에서 주도적으로 '이에'를 논한 스즈키 에이타로鈴木栄太郎가 농촌사회학을 그만두고 도시사회학에 관심을 두는 등 가족에 대해 논하는 논자도, 전전과 전후를 경계로 단절되어 있다. 국세조사를 사용해 세대의 구성을 분명히 하여 전전의 가족사회학의 금자탑이라고 일컬어지는 『가족구성』(1937)을 저술한 도다 데이조戸田貞三가 전시에 '이에의 길'이라는 팜플렛에 자신의 이름을 걸지 말라고 하는 등, 여기에는 전쟁협력과 학문지學問知라는 문제도 있었다.

세 번째로 가족사회학에서 '이에'가 언급될 때 참조되어 온 것은 구미의 '가족' 개념이었다는 것을 큰 특징으로 들 수 있다. 원래 '가족'이라는 말은 구미의 Family라는 단어의 번역어로서 만들어진 것이다. 그러나 이 '가족'이라는 개념이 Family의 번역어라는 것은 필요 이상으로 강조되어 왔다. 전후에는 '소위 Family인 가족'이라는 말이 빈번히 나타나고 있었다.

전전의 '가족'이라는 단어는 '무미건조한 법령어'(森岡 1987)라고 인식되었으며, 가족은 가족성원 그 자체를 가리키는 단어였다. 메이지 민법에서도 같은 용법으로 사용되었으며, '가족'은 집단을 가리키는 것이 아니었다. 가족의 집단성에 대하여 언급할 때에는 '일一'을 붙여 '일가족一家族'이라고 표기한 경우도 있었다. 앞에서 언급한 전전 가족사회학의 제1인자였던 도다 데이조는 현대적 용법이라 할 수 있는 '집단'을 가리키는 말로 '가족'을 사용하고 있으나, 농촌의 '이에' 연구가 압도적으로 우세했던 시대에 도다와 같이 혈연이나 애정에 근거한 '가족'을 연구하는 것 자체가 예외적이었던 것과 마찬가지로, 이 용법도 예외적이었다고 말해도 좋다.[1]

그런데 전후 일본의 가족사회학에서 구미의 가족은 이상적인 Family인 '가족'상, 즉 〈근대(적) 가족〉으로 인식되어 일본의 가족은 그와는 정반대의 성질을 가진 '전근대적'인 '이에'로서 파악하는 방법으로 문제를 설정하였다. 이와 같은 가족사회학의 보다 정확하게 말하자면, 조금 더 범위를 넓혀 일본 사회과학의 문제설정이 '집단'으로서의 '가족' 용법을

---

1) 물론 혈연을 중시하는 친족론의 계보는 도다 이외에도 존재하나, 역시 공동생활에 주목한 생활론의 계보가 우위에 있다는 점에 이론은 없을 것이다.

사람들에게 회자시켰다고도 말할 수 있다.

전후로부터 조금 더 시간이 지나자 이번에는 '가족'이라는 어휘가 '핵가족'으로 변화하나 사회과학적 어휘로서 만들어진 '핵가족'은 점차 사람이 일상적으로 사용하는 민속어휘로 받아들여져 1960년대에 대유행하였으며, 지금까지도 일상적으로 많이 사용되지 않는 단어가 되었다 (森岡 1987).

'이에로부터 가족으로', 조금 더 자세히 말하자면 '가장적 가족으로부터 〈근대가족〉으로'라는 변동론에는 미국의 학자 버젠스와 로크의『가족 — 제도로부터 우애로The Family: From Institution to Companionship』에 의거한『제도적 가족으로부터 우애 가족으로』혹은 머독George P. Murdock의『사회구조』(원저는 1949년에 출판된 Social Structure이나, 번역된 것

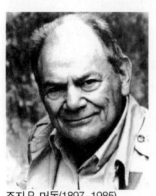
조지 P. 머독(1897~1985)

은 약 30년 뒤인 1978년)에 의거한 '직계 가족으로부터 핵가족으로' 등 다양한 것이 있으나, 기본적인 논리의 구조는 같다. 이러한 변동론은 일본을 전쟁으로 이끈 '전근대적'이고 '봉건적'이라고 생각된 전전의 일본 사회에 대한 반성을 기반으로 전후 일본의 가족사회학의 출발점이 되었다. 여기에서 '이에' 개념은, 〈근대가족〉 개념 (전후 직후에는 즉 'Family인 '가족') 개념과 대비되어 일본의 가족사회학의 중심에 위치하였다. 전후 일본의 가족사회학에서 '이에' 개념은, 구미의 Family인 '가족' 개념, '가족'에 대한 구미의 이론과 일본의 논리를 비교

하여 고안된 개념이었다.

그 때에는 구미의 '가족'에 비하여 일본의 가족은 '이에'라는, 혹은 구미의 '가족'은 도시를 연상시키나 일본의 '이에'는 농촌을 연상시키게 한다는 등의 방식으로 구미/일본, 도시/농촌, 가족/이에라는 간단한 이항대립에 근거한 '일본의 가족'이 기술되어 이론화되어 왔다.

그러나 최근에는 사회사적 '근대가족'론에서조차 비교의 대상이 되는 구미의 '가족'이나 '우애 가족'인 〈근대가족〉은 '단순한 '이상형'이다', '이상적인 상이다'라는 지적이 있었다(神島 외, 1982). 그렇다면 그 대극에 위치하는 개념으로서 이론화되어 온 '일본의 가족'인 '이에'나 '가장적 가족'의 개념 그 자체나 이론에 대해서도 다시 한 번 의문을 제기해야 하지 않을까? 사회사적 '근대가족'론을 참조하면서 '일본의 가족'을 '근대가족'으로서 재구성하는 것도 가능할 것이다.

'근대가족'론은 '구미' 자체가 '근대'를 대표한다고 생각되어 온 종래의 '근대'관에 대한 반성 —즉 '근대' 그 자체에 의문을 제기하는 것이 가능하다— 이며, 이것을 통하여 '일본의 가족'의 '특수성'이나 '전근대성'의 상대화가 가능해진다. 이것을 근거로 '이에'를 어떻게 보아야 할 것인가는 이후 우리들이 이어받아야 할 과제다. 이를 위해서도 일본의 가족사회학에서 어떻게 '이에'나 '가족'이라는 개념이 구축되어 왔는지를 살펴보는 일종의 구축주의적 작업이 필요할 것이다.

2. 가족사회학의 전후 문제설정

1) 후쿠타케 다다시福武直의 봉건유제론封建遺制論

전후 가족사회학의 문제설정이 선명히 드러난 예를 들자면 후쿠타케 다다시가 저술한 논문 「가족에서 드러나는 봉건유제」(1951)의 다음과 같은 논술일 것이다. 이것은 '봉건유제'를 둘러싼 심포지움 기록으로서 출판된 논문집 『봉건유제』에 수록되어 있으며, 전후 가족사회학뿐만 아니라, 사회과학의 문제설정을 여실히 보여주고 있다.

> 법률이나 습관이나 의례와 같은 형식적이고 권위적인 제도를 근저에 둔 가족이 아니라, 상호 간의 애정이나 이해나 합의와 같은 인격적 상호관계에 근거한 우애에 입각한 것이라고 인식되는 구미의 근대적 가족이, 결혼에 의하여 가족을 만드는 당사자에게 가족이 결합association이라고 생각하게 한다는 것은 부자연스러운 것이 아닙니다. 그에 비하여 우리나라의 가족이 결합이라고 불리는 경우, 전혀 그렇지 않다고 생각되는 것은 구미의 근대적 가족과 매우 다르기 때문입니다. 결합의 분화는 본래 근대를 특징짓는 것이나, 우리나라의 가족이 이 단어와 전혀 무관계한 것처럼 생각되는 것은 그것이 전근대적이기 때문이 아닐까요? (福武 1951: 150 강조는 인용자(千田)에 의한 것. 이하 특별히 언급하지 않았을 경우 동일함)

그리고 일본 가족의 특징이 논해지나, 이것을 간결하게 정리해보면 다음의 8가지로 압축될 수 있다.

1. 할아버지와 손자를 통하여 과거로부터 미래로 계승되는 연속적인 '이에'

2. 가장의 권위적 지위의 존재와 그것을 뒷받침하는 가산

3. 장자의 가독家督 상속

4. 친자관계가 부부관계에서 절대적인 우위를 차지

5. 결혼은 이에와 이에의 결합

6. 형제의 서열을 반영해 분가되는 경우, 분가와 본가의 관계는 불평등

7. 동족의 존재

8. 동족적 결합이 강하기 때문에 인척관계가 약함

　　전전에는 1부터 5의 문제는 친족론으로서, 6부터 8의 문제는 생활론으로서 논해졌다. 이처럼 구미의 Family인 '가족'이 〈근대적 가족〉으로 생각되는 한편, '일본의 가족'은 그 '근대성'을 결여한 '전근대적 가족'이며 '직계, 가부장적 가족'으로서 개념화되어, '이에'와 동일시되었다. 버젠스와 로크에 의거해 미국의 우애 가족이 이상화되어 '이에'와 정반대의 성격을 가지며 일대에 제한되는 민주적인 생식가족에 〈근대가족〉이라는 이름이 붙어 목표시되었다. 〈근대가족〉이 일본에는 부재하며 '발견'된 봉건유제를 제거하는 것이 과제가 되었다. '근대'라는 말에는 이상화된 구미의 이념, 특히 미국의 그것이 상정되었다.

　　후쿠타케에 의한 유형론은 전후 일본 사회과학에 보이는 전형적인 논의이며 이러한 전후 직후의 학문 방식은 현재에 이르기까지 가족사회학을 규정하는 틀로서 자리잡고 있다. 즉 전후 직후 일본 사회의 '근대성'의 결여가 지적되어, 구미, 특히 미국을 모범으로 한 일본 사회의 민주화가 과제로 지적되는 와중에 전쟁 원인 중 하나를 가족국가론에서 거론하며

새로운 인간을 만드는 기반으로서 가족이 주목되는 것에 의해 가족의 민주화, 근대화, 구미화, 즉 실질적으로는 구민법의 폐지, '이에' 제도의 폐지라는 법률상의 변화에 큰 의미가 부여되었다. 이처럼 민주화 되어야 할 봉건유제가 '발견'되어, 그 폐지를 목표로, 여러 가지 학문영역에서 가족제도 연구, '이에' 연구가 행해진 것이다.

　전전의 가족사회학에서 기본적으로 농촌의 생산공동체로 파악된 '이에' 개념은[2] 가족국가관이나 무사적, 유교적 도덕, 법제도 등을 다루는 법제사, 법사회학의 '이에' 개념과 융합되었다. 또한 가족사회학의 내부에서도 친족과 같이 가족에 부수되는 문제와 종래에는 따로 논해졌던 동족 등의 촌락 생활 공동체 등 가족에 부수되는 문제가 '이에'라는 단어에 집약되었다. 특히 후쿠타케가 '이에'의 특징을 열거할 때 '일본의 가족'이 '가장적'이라는 도다의 가족론과, '직계가족'적이라는 '종적' 계보를 중요시하는 스즈키의 가족론과, 공동생활을 중시하여 봉공인들도 포함한 '이에'를 논한 아리가 기자에몬有賀喜左衛門의 가족론이 함께 포함되어 있다. 종래에는 따로따로 논해졌던 것이 통합되면서 '일본의 가족'인 '이에'는 실로 복잡한 개념으로서 이론화 되었다. 그리고 근대적인 구미, 특히 미국과 비교하여 일본의 전근대적인 측면이 구미/일본, 가족('근대가족')/이에, 근대/전근대, 연합(Association, 생식가족을 가리키는 말)/직계가족, 도시/농촌, 민주제/가부장제라는 이항대립에 근거해 기술되어 구미의 '가족'이 〈근대가족〉이 추구해야 할 가족상으로서

─────────────

2) 후에 검토하겠으나, 예를 들어 아리가 기자에몬(有賀喜左衛門)이나 스즈키 에이타로(鈴木栄太郎)의 연구대상은 어디까지나 촌락 공동체의 생활단위로서의 이에이며, 민법과 관련지어 논해진 경우는 거의 없었다.

제시된 것이다.

2) 고야마 아츠시小山隆의 현대가족론

여기에서는 현대가족론의 대표로서 고야마 아츠시가 편집한 『현대가족의 연구— 실태와 조정』(1960)에 대해 이야기해 보겠다.

> 근대가족에 대하여 거시적으로 본다면 제도적 가족으로부터 우애 가족으로라는 표현이나, 확대가족으로부터 핵가족으로라는 표현도 각자 기본적인 경향으로서 수긍될 수 있을 것이다. 정도의 차는 있지만, 우리나라 또한 예외가 아니다. 우리나라의 신구 두 가지의 가족법도 이러한 가족의 실태 속에 보이는 일반적 경향과 무관계하게 만들어진 규범이 아니다. 거시적인 관점으로부터 가정의 변화를 보는 한, 신구가족법의 전환은 그 계기였다고 말할 수 있을 것이다(小山編 1960: 4).

이 저작에서는 구민법의 개정을 계기로 한 제도적 변화와 함께 실체로서의 가족생활에 관한 의식이 변용하고 있는지, 제도와 실체 간의 괴리가 문제시되고 있다. 여기에서 '이에'란 법제도상의 가족이며, 가장 중심의 가족 '의식'을 가진 실체적인 가족이기도 하다. 이것도 버젠스와 로크가 말한, 구미에 존재했다고 생각되는 우애가족이나 머독에 의한 핵가족 등 〈근대가족〉과 대비되는 것이었다.

또한 고야마는 도시에서 핵가족의식을 수용하고 있는 가족이 '근대형' 가족이며 농촌의 확대가족의식을 가진 가족이 '전통형' 가족이라고 이야기하였다. 그리고 그는 근대형, 중간형, 전통형이라는 '척도'에 근거하여

〈근대가족〉은 구미의 우애가족이며, 핵가족이라는 '형태'가 아니라 핵가족을 지향하는 '의식'을 가진 '가족'이라고 이야기하였다. 구미의 가족이며 또한 동시에 보편적인 가족으로 간주되는 핵가족이, 일본에 '가족'이 부재한 상황에서 지향해야 할 목표라고 생각했던 점에서는 고야마도 후쿠타케와 마찬가지다.

고야마의 유형론에서 중요시되는 것은 가족의 '형태'가 아니라 '의식'이며, 가부장제라는 문제가 '의식' 문제에 집약되어 있다. 그리고 추구되는 것은 '직계가족' 규범으로부터의 이탈이며, 민주적인 〈근대가족〉 의식에 근거한 '가족'의 형성, 즉 '가족'의식의 개혁이었다. 그 결과 전후의 현대가족론에서 '가족'을 '집단'으로 간주하여 가족집단 내의 (의식) 분석이 행해졌다. 이 '가족'을 지탱하는 사회구조의 분석은 행해지지 않았다. 가족내의 역할구조를 분석할 때에도 민주적인 '의식'에 근거하고 있는지가 문제시되어, 역할구조 그 자체가 권력관계를 품고 있는 것은 아닌지 하는 의문이 제기된 적은 거의 없었다.

지금은 편의에 의해 현대가족론, 전통가족론이라는 구분을 사용하고 있으나, 고야마의 『현대가족론의 연구』에서 또한 '현대가족'은 대상을 보여주고 있기만 하며 전통가족과 대립적인 유형으로 사용되고 있지는 않다. 후쿠타케의 논문에서도 '전통가족'이라는 개념은 사용되고 있지 않으며, '일본의 가족'은 단순히 '전근대적 가족'이었다. 전통과 현대라는 구분은 1960년대 이후의 가족사회학에서나 가능했다.

가족사회학은 전후에 새롭게 문제를 설정했으나, 전전의 가족사회학은 어떠하였는가? 전전의 가족사회학의 어떤 부분이 전후에 계승되었으며, 어떤 부분이 계승되지 않았는가를 검토해보도록 하자.

3. 전전의 가족론

1) 도다 데이조戶田貞三의 가부장적 가족과 근대적 가족

전전의 사회학에서 이루어진 가족의 논의는 법제사 등 당시의 가족제도에 대한 규범적인 논의로부터 거리를 두어 '일본의 가족'을 실증적으로 연구하는 것을 목적으로 하였다. 그러나 거기에 존재하는 '일본의 가족'을 그대로 연구하려 한 태도는 가족의 형성에 국가정책이 관여하고 있다는 시각으로는 연결되지 않았다. 예를 들어 스즈키는 일본의 '이에'를 자연적으로 조성된 무라村에서 만들어진 것이라고 생각하였으며, 도다에게 가족은 감정융합에 근거한 자연스런 집단이었다. '가족'이 '자연'스럽게 생각되었다는 점에서는 전후 가족사회학이 설정한 문제의식과 같다.

그러나 조금 본질적인 논의를 해보자면, 도다도 스즈키도 '이에'와 '가족'을 둘러싼 문제의식에 대해서는 전후의 가족사회학과는 다른 측면을 지니고 있었다. 예를 들어 '가족구성원'에 대한 도다의 '가족'이나 '이에' 기술은 다음과 같다

> 가족은 근친관계에 있는 소수의 감정융합에 근거한 소집단이다. 이것은 내적으로는 각 구성원을 긴밀하게 화합시키고 각 구성원들의 생활요구를 공동으로 보장하며, 외적으로는 전원을 함께 연대하게 하고 그 소속원의 입장을 옹호하며, 참가해 있는 사람들에게 내적 안정을 부여하는 특

수집단이다. 여러 단체 중, 공동-사회관계적 성질이 가장 강한 단체인 것이다. 여기에서 사람들은 서로 다른 의도 없이 자신의 속을 상대에게 보이고 상대가 보여주는 것을 아무런 거리낌 없이 받아들여, 연로한 사람도 젊은 사람도, 병든 사람도 건강한 사람도 봉사의 정도나 작업의 능숙함의 차이에도 불구하고 허용되는 한도에서는 (각자의) 생활을 향유할 것을 목적으로 한다(도다[戸田] 1937→ 1970 : 115) (괄호 안 역자 추가).

우리나라에는 호적상의 이에가 있으며, 그 이에가 법률상 가족이 되는 집단으로서 인식되고 있으나, 현대에 우리 국민들의 생활방식을 보면 사실상 호적상의 이에는 단순히 장부상의 족적집단族的集團이며, 사실상의 가족과는 상당히 떨어져 있다(도다 1937→ 1970: 122).

도다에게 '이에'라는 단어는 호적상의 관념에 불과하며 연구대상은 '가족'이었다. 전쟁이 격화된 1940년대의 저작에서 '이에'라는 말이 연구대상으로서 사용되나, 이것은 이전의 '가족'이라는 단어를 기계적으로 '이에'로 치환한 용어법에 지나지 않는다.[3] 그 때까지의 연구대상은 어디까지나 '가족'이었으며 가장적 가족과 근대적 가족이라는 두 종류로 나뉘었다. '이에'라는 단어를 이론적으로 불가결한 분석개념으로 취급함으로써, 도다는 '일본의 가족'을 이론적으로는 '특수'한 것을 내재한 것으로 생각하지 않았다. 우선 도다가 가족의 특질에 대하여 어떻게 생각하는지 다음의 6가지를 정리하여 검토해보자.

---

3) 명의를 빌렸다고 이야기되는 '이에의 길' 등에서 분명히 드러나는 프로파간다는 또 다른 문제이다.

1. 가족은 부부, 친자 및 그들의 근친자로 이루어진 집단이다.

2. 가족은 이들 구성원의 감정적 융합에 근거한 공동사회다.

3. 가족 내의 구성원들은 자연적으로 존재하는 종속관계이다.

4. 가족은 그 구성원의 정신적, 물질적 요구에 부응하여 구성원들의 안정된 생활을 보장하며 경제적으로는 공산관계이다.

5. 가족은 종족보존의 기능을 실현하는 인적 결합이다.

6. 가족은 다음 세대의 자손이 전 세대의 조상들과 융합함으로써 성립하는 종교적 공동사회다(戸田 1937→1970: 37).

도다에 의하면 구미의 '근대적 가족'은 1부터 4의 조건을 만족하는 것이며 일본의 '가장적 가족'은 1부터 6의 조건을 만족하고 있다.

가장적 가족은 일본의 가족이며, 근대적 가족은 구미의 가족이다. 얼핏 보면 전후의 가족사회학과 같은 틀을 사용하고 있는 것처럼 보일지도 모르겠다. 그러나 도다의 가족유형은 단순한 이항대립적인 것이 아니다. 도다는 피어칸트Alfred Vierkandt의 가족 기능 축소설에 근거하여 이러한 유형들을 만들었으나, 그는 가장적 가족도 충분히 근대적 가족의 성질을 가지며, 여기에 선조 숭배라는 추가적 기능을 가진다고 이야기하였다.

도다는 '일본의 가족'의 근대적 측면에 주목하여 감정적 융합을 가족의 정의에 포함시켰다. 그리고 일본의 가장적 가족의 특징이라 생각되는 것도, 사실은 근대적인 가족의 특질에 포함될 수 있다는 측면을 강조했다. 예를 들어 그는 선조 숭배에 대해서도 '부모에 대한 애착과 사모의 감정'

이라고 이야기하고 있다.

또한 도다의 이론에서 흥미로운 점은, 일본의 가장적 가족의 특징이라고 거론된 '가산에 기초한 공동생활'과 마찬가지로 구미에서는 개인적인 사유물로 생각되는 '가족 내의 재산'이 실질적으로는 공동생활에 사용된 것을 지적한 점이다. 즉 도다는 구미의 이론을 일방적으로 받아들이지 않고, '일본의 가족'에서만 고유하게 나타난다고 생각되는 점이 '구미의 가족'에도 존재할 수 있는지 검토하고 있다.

도다가 '일본의 가족'의 특수성보다 가족의 보편성이라는 측면을 강조하는 것은 가족을 정의할 때 참조한 구미의 이론이, 100년도 전에 저술된 꽁트August Conte의 저작이나 베버Max Weber의 '가족 공동체'론 그리고 릴Wilhelm Riehl의 오랜 유럽계 문헌이고, 미국의 가족사회학 문헌이 아니었다는 점과도 관계가 있을 것이다. 고전적인 유럽의 문헌에 의거하여 종속관계와 감정융합을 모순된 것으로 보지 않고 동일시하여 '가족'의 정의를 이끌어낸 것이다. 그는 비교의 대상이 된 구미의 '가족'상과 '일본의 가족'상의 거리를 크게 느끼지 않았던 것이다. 물론 어떠한 이론을 사용하여 논의를 하는가는 저자의 선택이라는 측면도 있지만….

그런데 도다의 문제설정에서 중요한 것은 도다가 '일본의 가족'을 가장적 가족이라고 규정한 것이다. 도다는 가장적 가족의 성립조건이나 그 내실을 자세히 보여주지 않았다. 그러나 도다가 '일본의 가족'을 '가장적'이라고 한 의미는 가족사회학에서도, 다른 학문영역에서도 중요하다. 전후의 '일본의 가족'은 어떠한 의미에서 가장적이었는지, 그것은 어느 시대부터 시작되었는지, 그것은 어떠한 사회적 조건에서 규정될 수 있는지 등의 문제가 일본의 '이에'의 존재를 전제로 하여 제기되었기 때문이다. 이것은 역으로 구미의 '근대가족'에 존재할 수 있는 가부장제적 요소에 대한 의문을 봉인하게 되었다.

2) 스즈키 에이타로鈴木栄太郎의 '이에'와 '가족'

"'이에'로부터 '가족'으로"라는 전후 가족의 변동론에서 보이는 '이에'와 '가족'의 이항대립적인 유형화는 전전에 이미 스즈키 에이타로에 의해 이루어지고 있었다.

가족이라는 말은 특히 가족단체의 집단성에 주목하여 생각하는 경우에는 적절한 말이다. 현대 구미 도시의 소가족에 대해 문제를 제기할 경우 이 말은 더욱 적합하다. 그것은 집단 이상의 그 무엇도 아니기 때문이다. 우리나라에서 사회형상으로서 이에의 본질을 그 집단성 이외에서 찾으려 하는 내 생각으로는 이에와 가족은 구별하여 생각할 필요가 있다. 오늘 우리나라 농촌의 가족은 대부분 모두 뒤에서 언급할 직계가족이며, 그것은 이에를 이루는 요소이다(鈴木 1940→ 1968: 165).

가족의 본질은 사회적으로 승인된 영속적 성적 관계일 것이다. …이처럼 가족은 현대 대도시의 자유주의적, 개인주의적 생활태도를 가진 문화인의 부부생활에서 명확하게 드러난다. 동거하는 것도, 공산적인 것도, 종속관계가 발생하는 것도, 감정적 융합이 일어나는 것도, 모두 성적 관계가 지속되는 와중에 자연스럽게 발생하는 부수적 요소에 지나지 않는다. 지금 대도시 아파트에 거주하는 젊은 부부의 생활에서, 가장 순화된 가족을 찾는 것이 가능하다(鈴木 1940→ 1968: 162).

이처럼 스즈키는 구미/일본, 도시/농촌, 가족/이에라는 이항대립에 의거하여 도시의 부부가족인 (가장 순화된) '가족'과, 전체성, 통일성이 중요시되는 농촌의 가족생활로 대표되는 '이에'를 대비적으로 사용하여 분석대상으로 '가족'이라는 단어를 사용하였다.[4] 스즈키에게 '이에'는 분명히 촌락협동체와의 관계 속에서 고찰되는 가족협동체였다. 그러나 동시에 '이에'는 '하나의 정신'이며, 스즈키가 연구대상을 가리키기 위하여 사용한 학술어는 '가족'이었기 때문에, 이론 내재적인 '이에'가 '일본 특수성'을 가지고 있다고는 생각하지 않았다.

뒤에 아리가有賀가 말한 것처럼 스즈키가 '부부가족을 근대가족이라고 본 것은 그 내용이 충분치 않으며, 직계가족이나 동족가족을 전통적 가족으로서 부부가족과 분명히 대비시키지 않았다'(有賀 1955b→ 1971: 64). '부부가족'은 구미나 근대 특유의 것이 아니라 일본의 도시부에서도 발견되는 것이었다. 스즈키에 의한 가족 유형 구분은 '구미의 가족'과 '일본의 가족'에 맞추어진 것이 아니라 '일본의 가족'을 유형화하기 위한 유형이었다. 애초에 스즈키의 유형은 두 가지가 아니고 세 가지다. 이러한 유형론은 전후 일본의 가족사회학에도 이어졌다. 그러나 스즈키가 '일본의 가족'의 특징으로서 '동족가족'을, 후쿠타케는 '중국의 가족'을 유형에 적용하고 있다(福武 1951). 또한 일본의 '이에'의 계보성이 강조되어 동족가족, 대가족의 이론적 중요성은 감소하였다.

스즈키는 도다와 마찬가지로 일본의 근대화를 생각할 때 주로 도시화

---

4) 후에 기타노 세이이치(喜多野清一)는 이것을 '이에와 가족의 양극 분해적 원리'라고 이름짓고 있다(喜多野 1976).

를 염두에 두었다. 그리고 '일본의 가족'의 근대화는 시간의 경과에 따라 발생하는 것이라고 생각하였다. '하나의 정신'인 '이에'는, 늦든 이르든 사라질 향수 넘치는 존재였다. 스즈키도 도다도 '일본의 가족'의 '특수성'이나 '전근대성'이 아니라, 근대적인 측면에 충분히 주의를 기울이려 하였다. 그러나 이러한 문제 설정은 전후 학문의 '재생' 때 상실되어, '일본의 가족'에서 '근대성'이라는 문제설정은 사회사적인 '근대가족'론이 등장할 때까지 거론되지 않았다.

> 변화해가는 힘이, 외부로부터 온 것이든 내부로부터 온 것이든, 메이지 이후 변화의 원칙은 분명히 일정한 방향성을 지니고 있다. 그리고 그 방향 은 의심할 여지없이 근세 유럽의 문화가 지향하고 있는 것과 동일한 것이다. 집단주의로부터 개인주의로, 전통주의로부터 합리주의로, 통제주의로부터 자유주의로, 도의주의로부터 계약주의로와 같은 변화는 우리 국민생활의 여러 측면에 침투하고 있다. 가정생활에도 촌락생활에도 우리들은 그러한 변화가 분명히 일어나고 있다는 것을 인정하지 않을 수 없다(鈴木 1940→ 1968: 93).

4. 1960년대 이후의 전개

전후의 가정사회학에서 일본의 가족에 근대성이 결여되어 있다고 본 것은 앞에서 서술하였다. 그러나 시간이 지남에 따라 특히 1960년대 이후 문제 설정은 바뀌지 않았지만, 일본의 가족이 〈근대(적) 가족〉, '가족' 으로 변동하지 않는 이유로서 '전통'이나 '일본적 것'이 거론되게 되어,

'전통'이나 (근대가 아니라) '현대'라는 단어에 특별한 의미가 동반되게 되었다.

1) 모리오카 기요미森岡淸美의 현대가족론

모리오카 기요미森岡淸美는 『이에와 현대가족』(1976) 및 『현대가족변동론』(1993)에서 '이에'와 '현대가족'을 다음과 같이 정의하고 있다.

> 현대를 특징짓는 가족이란 어떠한 가족인가? 필자는 이것을 부부제 가족(부부가족제로 존재하는 가족)의 일본적 전형이라고 본다. 이에 비해 일본의 근대를 특징짓는 가족을 필자는 직계제 가족(직계제 가족으로 존재하는 가족)의 일본적 전형, 즉 이에라고 본다. 그렇다면 이에와 현대가족이란, 바꿔 말하면 일본의 근대를 특징지은 직계가족제와 일본의 현대를 특징지은 부부가족제와의 연관성에 관한 문제로 정리할 수 있다(森岡 1976: 5).

> 우리들의 주제는 원래 A와 Non-A라는 양극의 모델이다. A로부터 Non-A로의 변화가 보여도, Non-A가 B인가 C인가 확인할 수 없을 때는 단순히 A의 변화(예를 들어 이에의 붕괴 등)라고 말할 수밖에 없으나, Non-A에는 어떠한 것이 있는지, 또한 Non-A는 있을 수 있는지에 대하여 가설적으로나마 통찰하는 능력을 가지고 있지 않으면 안 된다(森岡 1976: 5).

> 본 장은 Non-A 중 가장 개연성이 높은 것으로서 현대가족을 특정하고, 그 개념화를 시험한 것이다(森岡 1993: 39).

전후 직후에 '이에'는 소거되어야 할 일본의 전근대성이라고 간주되었으나, 시간에 지남에 따라 '이에'는 강고한 것으로 간주되었다. 그리고 '현대가족'이라는 유형이 사용되어 "'이에'로부터 '현대가족'으로"라는 변동론이 제시되었다. 이 '현대가족'은 구미의 '근대가족'과 어느 정도 공통성을 가진다고 생각되어 당시 일본에 나타난 가족을 가리키게 되었다. '이에'와 '현대가족'은 이항대립적으로 개념화되었다. '현대가족'은 구미의 '근대가족'인 부부가족과는 다른 '부부제 가족의 '일본적 전형'이었으며 '이에'는 '직계제가족의 전통을 짊어지는'(森岡 1976: 5) 것으로부터 출발하였다는 것이다.

모리오카의 가족변동론을 추적하면, 소위 "'이에'로부터 '가족'으로" 라는 도식으로부터, "'이에'와 '가족의 병존'"이라는 도식으로 변화해간다. '일본의 가족'에 대한 '이에'의 규정력은 강해졌다. 이것은 일본의 근대가 '특수'하다는 확신을 강화시켰다. '이에'와 '근대'는 상호 대립하는 것을 통해 '이에'의 근대적 측면을 보이지 않게 하지만, '이에'가 '근대'로 이동하는 것에 의해서도 일본의 '근대'는 의문의 대상이 되지 않은 채 남겨지고 만다.

모리오카는 '이에'와 '현대가족'의 특징을 직계친족과의 동거규범에서 찾아, 실제로 동거하고 있느냐가 아닌 규범이나 의식의 변화를 문제시하였다. 또한 6장에서 다시 검토하겠지만, 일본에서는 머독의 '핵가족'이라는 말은 머독이 본래 사용했던 가족 분석단위가 아니라 생식가족, 부부가족과 같은 의미에서 사용되었다고 말할 수 있을 것이다. 그리고 기존의 가족제에 긍정적인 견해는 핵가족 '형태'의 불안정성과 병리를 공격의 대상으로 삼는 한편, 핵가족이야말로 평등하며 민주적인 '가족'이라 생각하였으며 지향해야 할 목표로 삼았다.

또한 가족주기 등의 조건으로부터 핵가족 '형태'를 찾는 것이 중요한 것이 아니라, '떳떳하게 핵가족을 형성하고 또한 그 형태를 유지하는 것이 가능하다'고 말한 '의식'이 중요하며, 이것이야말로 민주화의 특징, '현대가족'의 특징이라고 생각하였다. 여기서는 직계가족이라는 가족형태와 가부장적인 가족이 똑같은 것으로 간주되고 있다. 또한 가부장제를 '의식'의 문제로 말하게 됨으로써, '현대가족'에도 세대주라는 가장을 중심으로 한 '형태가' 존재하고 있는 측면을 보지 못하게 되었다. 또한 '핵가족'이 '일대에 한정'(森岡 1976: 7)된 것으로 생각되어 가족 내에서 세대 간에 발생하는 문제가 모두 '이에'의 문제로 다루어지게 되었다.

여기에서 전전의 가족을 '이에'라고 간주한 것의 효과를 엿볼 수 있다. 즉 전전의 가족에 대한 반성, 더 나아가 '이에'에 대한 반성으로부터 구미의 '가족'을 이상화하였기 때문에 구미의 가족이 품고 있는 문제를 무시하게 되었다. 바꿔 말하면 '이에'를 부정하게 됨으로써, '가족'의 가치가 무조건적으로 칭송되게 된 것이다. 또한 '일본의 가족'이 낳은 문제를 '이에'의 효과로 치부해버림으로써, 현대적인 문제로서 고찰하는 것이 어려워졌다. 또한 이것과는 역으로 보일지도 모르지만, '일본의 가족'에 관한 문제를, '이에'를 일본문화의 전통이라 생각하게 되어 원리적으로 해결할 필요가 없는 문제로 삼아버렸다.

2) 아리가 기자에몬有賀喜左衛門의 전통가족론

여기에서 전통가족론으로 눈을 돌려보자. 아리가 기자에몬은 후쿠타케 다다시나 고야마 아츠시 등이 말한 전후 가족사회학의 이론적 시각을 형성한 논문에서 보이는 〈근대주의〉를 비판하고 있다.

"구미의 패밀리(Family, 가족)를 근대가족으로 보며, 일본의 이에는 에도 시대로부터 계승된 많은 관습을 남기고 있으므로, 근대의 자본주의 사회에서는 봉건유제로서 존재한다"(有賀 1955→ 1971: 63)는 후쿠타케(1951)를 평하며, 아리가는 "이러한 평가는 일본의 문명이 서양문명에 비하여 뒤쳐졌으며, 일본은 서양문명을 수용하여 동일한 발전과정을 밟을 수 있다는 문명비평이 뿌리 깊게 박힌 것"(有賀 1955b→ 1971: 63)이라 생각하였다.

후쿠타케의 논고에서 '일본의 가족'은 '전근대적 가족'이라고 말해야 할 '직계적, 가장적 가족'이며, '이에'였다. 아리가가 적확히 정리하고 있는 것처럼 미국의 우애가족이 이상화되어, '이에'와 정반대의 성격을 지닌, 일대에 한정된 민주적인 생식가족이 〈근대가족〉이라는 이름 아래 지향해야 할 목표로 생각되었다. 이러한 〈근대가족〉은 일본에는 존재하지 않으며, 봉건유제를 제거하는 것이 전후의 과제가 된 것은 앞에서 서술한 대로이다.

고야마나 후쿠타케를 직접적으로 비판할 생각은 아니었으나, 아리가의 근대주의 비판이 나온 것은 아래와 같은 이론적 입장으로부터였다.

유제遺制라고 일컬어지는 현상이 한 시대에 전근대적 현상으로 존재한다면, 이러한 현재 단계에서 여러 현상이 병존하는 것을 이해하여 이들 현상의 상호관계가 현 단계의 역사적, 개성적 의의를 보여주는 것이라 생각할 수 있다면, 전근대적 현상이라고 칭하는 것이라도 그것은 유제가 아니라 현대적 의의를 가진 것이라 할 수 있다. 어떤 것을 가리켜 유제라 하더라도, 예를 들어 형태상 유형을 바탕으로 본다 하더라도, 전근대 문화 단계에서 그것이 지녔던 역사적, 개성적 의의와 현 단계에서 지니는 의의가 다르다는 것은 명백하다. 즉 개개의 현상을 전체와 연관시키는 과정에서 드러나는 의의가 다르다는 것을 근거로 생각한다는 의미에서 본다면 유제의 개념은 성립할 수 없다(有賀 1949→ 1967: 18).

이러한 아리가의 시각은, '전통의 창조'와도 유사한 것으로서 매우 훌륭한 시점이다. 실제로 근대화와 함께 소멸했다고 생각된 가족에 관한 사상(예를 들어 성별 역할 분업 등)은 근대사회 시스템을 구성하는 요소이다. 이처럼 사회 시스템과의 연관성을 염두에 두고 분석하지 않으면 그 사상의 본질을 찾을 수 없다. 실제로 아리가는 "전통을 고정화하여 보는 것은 크나큰 실수이며, 전통도 만들어진 것이므로 그것은 결코 고정불변하는 것이 아니라 서서히 변환하는 과정에서 새롭게 창조되는 것이며 항상 창조의 지반으로 작용하고 있다"(有賀 1955b→ 1971: 60)고 서술하고 있다.

그렇기는 하지만 여기에 이어지는 것은 "일본과 같이 원시 시대부터 끊임없이 외국의 문화를 수용하여, 일본 자신의 개조를 꾀하면서 이를 바탕으로 일본적인 것을 수없이 창조한 민족에게 고정불변하는 전통이란 있을 수 없다"(1955b→ 1971: 60)고 하여 일본문화가 잡종문화적이라는 지적이며, "그렇기 때문에 다른 말로 하면, 사회변동이란 것은 그것이 전통에 대하여 어떠한 부정과 변역을 품고 있다 하더라도, 그것은 문화의 전통을 지반으로 삼아서만이 발생할 수 있다"(有賀 1955b→ 1971: 60)고 '문화의 전통'의 '지반'을 만들어내고 만다. 아리가에게 '문화의 전통'은 궁극의 설명변수였다.

아리가에 의하면 근대의 시각은 두 가지였다. "첫 번째는 구미의 근대에 발전한 문화를 모범으로 하여 그것에 다가가는 것을 근대화라고 규정한 것이다"(有賀 1963→ 1967: 118). 그리고 "두 번째는 구미문화의 발전을 높게 평가하는 점은 첫 번째와 다르지 않으며 또한 일본의 근대화는 여기에 큰 영향을 받았다는 점에서도 마찬가지나, 그 근저에는 일본문화의 전통이 있으며 특수한 일본적 근대화가 나타내는 것을 보고 구미문화의 발전과 다른 점을 예리하게 찾아내는 것이다"(有賀 1963→ 1967: 119). 이러한 시점으로부터 전후 가족변동을 본다면 "일본 특유의 민주화 과정이 일본의 사회변동을 표현하는 것들 중 하나"(有賀 1955b→ 1971: 60)이며, 이러한 생각은 "'근대화의 지향'이 일본의 전통을 지반으로 한 변화라고밖에 볼 수 없다"(有賀 1955b→ 1971: 65)는 생각으로 옮겨간다. "구미의 family(가족)가 형태적으로 부부가족이라 하더라도, 그것을 특정 시기 일본의 부부가족과 같은 것이라고 하는 것은 불가능하며, 전후의 일본 가족은 법률적으로 구미의 근대가족을 모델로 했다 하더라도 그것을 규정하는 일본문화로부터 본다면, 내용까지 구미의 그것과 같다고는 도저히 생각할 수 없다"(有賀 1955b→ 1971: 65)는 것이다.

이처럼 아리가는 일본에는 일본문화를 근저에 둔 특수한 근대가 존재한다고 생각한다. 아리가에 의하면 당연히 일본에 특수한 근대가족이 존재하고 있는 것이 된다. 그렇기는 하지만 아리가가 일본의 특수한 '근대가족'을 고찰했다고는 보기 힘들다. 왜냐하면 분명히 아리가는 '이에'를 '봉건유제'라고는 보지 않았다. 그러나 '이에'의 영속성을 추구했던 아리가는 문화를 설명변수로 하여 통사 이래의 일본문화와 '이에'의 일관성을 강조해버렸다. 같은 종류의 사회관계에서 발생한다는 '유형'은 가족에 관한 '유형'에 관해서도 마찬가지로 "같은 민족 혹은 국민적 기반 아래 발생하는"(有賀 1949→ 1967: 24) 것이며 다른 근대 국민국가 하의 '근대가족'과의 비교연구는 행해지지 않았다.

또한 아리가에 의해 비판된 근대주의적 문제설정을 행한 논자도 이항대립적인 '이에'로부터 '가족'으로라고 하는 이행이 이루어지지 않은 것으로부터, '이에'의 존재를 강고하게 드러내는 방향으로 톤을 변화해 간다. 예를 들어 1절에서 거론한 후쿠타케에게는 마르크스주의적인 이론적 전제도 있으나, 일본의 봉건유제인 '이에'를 에도 시대에서 찾았으며, 만년에는 '이에'를 설명변수로 하는 일본문화론, 일본 사회론으로 이행하였다(福武 1977, 1987).

위와 같이 일본의 가족사회학의 지식사회학적 검토를 통하여 전후 일본의 가족사회학에서 '일본의 가족'이 얼마나 '전근대적', '일본특수성'이라는 것에 몰두하였는지 분명히 하였다. 전후 전쟁에 대한 반성으로서, 민주화를 과제로 하여 '이에'로부터 이탈을 목표로 한 문제 설정은 아이러니하게도 그 설정 자체가 이론적으로 '일본 특수성'을 끌어들였다. '일본'이라는 '상상의 공동체'를 부정하기 위해 행해진 문제 설정은 또 다시 '상상의 공동체'를 세우는 효과를 발휘했던 것이다.

또한 전전의 가족론에서 '일본의 가족'의 근대성이 거론되었다는 측면을 평가적으로 서술했다고 생각할지도 모르겠지만 그것은 전후의 가족 사회학과 대비하여 주목할 만한 것이며, 그 성과를 생산적으로 승계하면서 동시에 그 한계를 응시할 필요가 있다고 생각한다.

5장
가부장제를 둘러싸고

1. 가부장제란 무엇인가?

가부장제라는 개념은 지금은 상당히 구태의연한 개념이라고 생각될지 모른다. 일본의 전후 사회과학, 특히 가족사회학에서 가부장제, 그 발전 형태로서의 가산家産제, 봉건제, 가장적 가족 등은 중요한 위치를 점하고 있음에도 말이다. 또한 가부장제는 페미니즘에서도 남성에 의한 여성의 지배를 가리키는 열쇠와도 같은 개념이다. 그러나 현재 가부장제에 대해 이야기하는 것은 시대착오적인 것이라 생각될지도 모르겠다.

전후 일본의 사회과학에서 가부장제 개념은 큰 역할을 수행해왔다. 그러나 가부장제로부터의 이탈을 목표로 하여 미국식 '민주화'가 지향되는 등 미 · 소의 냉전 붕괴 후 일본에서는 큰 의미를 가지지 못했을지도 모르겠다. 또한 페미니즘 분야에서도 ─이제는 페미니즘이라는 말조차 젠더 스터디Gender Studies라는 단어로 바뀌는 경향이 있으며, '젠더' 개념이 새로운 역사교과서를 만드는 모임의 멤버들을 중심으로 한 사람들로부터 반발의 타켓이 되어 일종의 금기가 되어버린 와중에[1] ― 페미니즘의 주요한 개념인 가부장제를 상기시키는 가족제도, 지배, 억압이라는 이미지가 상당히 구태의연하다는 인상을 주는지도 모르겠다.

실제로 가야트리 스피박Geyatri Spivak은 가부장제Patriarchy, 즉 아버지의 지배라는 단어가 가진 생물학적 · 자연주의적 의미, 역사적 · 실증적 해석의 영향을 받기 쉬운 점, 비난의 장을 제공하는 것에 그치는 점 등을 들어, 자신은 가부장제라는 말을 사용하지 않겠다고 선언한 바 있다(Spivak 1983=1997). 가부장제라는 개념이 이러한 의미에

가야트리 스피박(1942~)

서 사용되는 것은 사실이나, 그렇다면 가부장제라는 단어는 간단히 매장될 개념인가? 나는 그렇게 생각하지 않는다. 왜 페미니즘에서 가부장제가 핵심 개념이며, 가부장제라는 단어에 어떤 의미가 포함되어 있는가? 가부장제라는 개념이 무엇을 제기하고 있는가 그리고 어떠한 개념으로 생각되어야 하는가, 가부장제라는 개념은 필요한 것인가 등을 검토하는 것은 쓸모없는 작업이 아니다. 이제부터 가부장제 개념에 대하여 검토해보자.

---

1) 도쿄도(東京都)의 교육위원회는 2004년에 '젠더 프리(Gender Free)'에 근거한 남녀혼합 명부를 금지하도록 통달(通達)하고 있다.

2. 가부장제 개념과 제2물결 페미니즘

가부장제 개념은 제2물결 페미니즘의 이론적 성과이다. 제2물결 페미니즘이란 20세기 초두 부인참정권 등의 권리를 획득하는 것에 의해 여성이 해방될 것이라고 생각한 자유(주의적) 여성해방론이나, 사회주의의 실현과 여성의 해방이 함께 한다고 본 사회주의 여성해방론 등으로 대표되는 제1물결 페미니즘과 대비되는 개념이다. 일본에서는 1968년의 학생운동 이후 여성해방운동, 특히 우먼 리브ウーマン・リブ 등의 운동이나 사상 실천을, 제1물결 페미니즘과 구별하여 제2물결 페미니즘이라 부른다.

일반적으로 제1물결 페미니즘은 권리획득운동, 제2물결 페미니즘은 그에 미치지 않은 미시적 권력을 문제화 하였다고 생각되고 있다. 그러나 실제로 제1물결 페미니즘은 그렇게 단순한 사상이 아니며, 양자 간에는 연속성이 존재한다. 이런 의미에서 본다면 제1물결과 제2물결을 구분하는 것 자체가 양자의 차이를 필요 이상으로 강조하고 있다고 할 수 있을 것이다. 제1물결 페미니즘에서도 이미 억압적인 권력뿐만 아니라 여성의 주관성이나 주체성을 둘러싼 권력의 문제화가, 예를 들면 모성보호 논쟁 등이 행해지고 있었으며, 여성문제 이외에 대해서도, 예를 들면 야마카와 기쿠에山川菊栄가 여성과 인종, 계급을 함께 문제시한 것처럼 현재의 포스트모던적 사상조류와 관련된 문제가 제기되고 있었다고 생각한다.

그러나 모성이나 섹슈얼리티를 둘러싼 논의에서 '국가'에 의한 권력을 어떻게 생각하는지, 즉 국가 권력에 대한 회의라는 관점에서 본다면 제1물결과 제2물결 페미니즘은 큰 차이가 있다. 또한 제1물결 페미니즘과 제2물결 페미니즘을 나누는 기준은 가부장제 개념이라고 해도 좋다.

가부장제 개념은 우선 사회주의 여성해방론으로부터 독립하였다. 가부장제 개념은 알튀세르에 의한 마르크스주의 르네상스와 큰 관련이 있는 개념이다. 알튀세르가 생산양식으로부터 상대적으로 자율적인 영역을 '이데올로기'라고 이론화한 것처럼, 페미니스트들은 경제적으로 환원되지 않는 영역을 '가부장제'로 간주하여 이론화했다. 가부장제라는 이름을 사용하여 생산관계에 환원되지 않는, 남성에 의한 여성의 지배라는 독립적 문제라는 새로운 관점으로 보게 된다.

또한 가부장제 개념은 자유(주의적) 여성해방론으로부터의 독립도 이루어냈다. 자유(주의적) 여성해방론은, 여성의 사회적 열위를 남존여비라는 남성의 '태도'에 귀착시켰으며 교육에 의한 계몽과 참정권 등의 권리확장에 의해 평등 상태가 달성될 것이라고 생각하였다. 그러나 남성이 마음을 바꾸거나 태도를 고치거나 하는 것으로 사회적 모순이 해결되는 것은 아니다. 평등이 달성되지 않는 것은 그만한 사회구조적 요인이 있기 때문이다. 가부장제는 일괄적 시스템을 형성하고 있으며 그 시스템에 가부장제라는 이름을 부여하는 것은 그 구조와 메커니즘을 분석하는 방향으로 문제를 진행시키는 것이었다.

물론 현재의 이론적 도달점으로부터 본다면, 제2물결 페미니즘은 가부장제를 '세계 여러 곳에서 통사적으로 나타나는' 것으로 생각하여 보편주의적, 몰역사적, 몰문화적으로 정의한 측면이 있었다. 또한 그 기원을 생식이라는 생물학적 성별의 차이에서 찾는 등 소박한 생물학 환원론적 측면도 있었다. 이러한 몰역사적인 보편주의에 의해 역으로 보이지 않게 되는 것도 많다. 똑같이 여성의 억압이 있었다 하더라도, 사회나 시대가 다르다면 그것이 지니는 의미는 달라진다. 때문에 적어도 질문을 '근대적 가부장제'에 한정할 필요가 있다.

또한 사람은 젠더에 의해서만 규정되는 것이 아니다. 또한 여성이라는 이유만으로 모든 여성이 똑같이 억압을 받고 있었다고 말할 수도 없다. 오히려 젠더 문제는 계급이나 인종, 민족 등의 문제와 별개로 생각할 수 없는 문제이며 그 반대도 마찬가지다. 계급이나 민족이 어떻게 젠더의 메타포를 이용하여 이야기되어 왔는지는 무력한 여성이라는 오리엔트적 표상, 여성적인 귀족계급에 대비되는 남성적인 노동자계급의 메타포 등의 예를 보면(Said 1978=1993: Scott 1988=1992 등) 분명해진다. 그러한 문제를 가부장제라고 이름지었다 하더라도, 모든 여성이 같은 상태였던 것으로 상정하거나, 여성에게 공통된 본질이나 경험이 있었다고 주장하는 것에는 주의를 기울이지 않으면 안 된다.

현상에 '가부장제'라는 이름을 부여하는 것이 애초에 본질주의를 전제로 하고 있는 것이 아니냐는 비판이 있다. '여성의 본질 같은 것은 없다. 모든 여성이 가부장제의 희생자는 아니다'는 것이 마치 '가부장제는 존재하지 않는다'는 결론을 이끌어내는 것처럼. 그러나 이것은 전도되어 있다. 여성의 '본질'이 없다고 한다면, 그 있지도 않은 '본질'이 있는 것처럼 이야기되는 것이 문제이며 가부장제를 풀어내는 것은 이 문제를 풀어내는 것이다. 그것은 인종에 본질은 없으며 모든 흑인이 인종차별의 희생자가 아니며, 단기적으로 보면, 인종차별 속에서 그것을 역으로 이용하여 상대적 이익을 얻은 흑인도 존재했겠지만, 인종차별이 백인의 편견으로만 귀착될 수 있는 것이 아니라 확고하게 '존재했었다'고 이야기할 수밖에 없는 것과 마찬가지 의미다.

또한 가부장제가 존재한다 하더라도 여성의 주체성이 부정되는 것은 아니다. 특히 1990년대 이후 여성에 관한 논의에서 여성의 '주체성'을 강조하는 논의가 있었다. 예를 들어 "개인적인 것은 개인적인 것이다"라는 요시자와 나츠코吉澤夏子의 논의(吉澤 1997)나 '늠름한 주체들'을 강조한 나가다 에리코永田えり子의 논의(永田, 1997) 등을 시작으로 원조교제를 하는 여고생들의 '자기결정'과 '자기책임'을 강조하는 논의(宮台 외 1988) 등이 그러하다.

그러나 자본주의 사회에서 노동자도 노동력 이전에 인격적 자유를 지니고 있듯이, 가부장제에서 여성도 여러 가지 선택지를 두고 전략적 행위를 해 온 행위주체였다는 것은 강조할 필요도 없다. 현대 일본에서도 사람들에게 선택지가 주어지지 않은 채 무조건적인 강제력이 동원되는 경우는 드물며, 그러한 경우에조차 사람들은 그 선택지를 스스로 납득하여 자발적으로 선택할지 모른다. 문제가 되는 것은 행위자 앞에 주어진 선택지, 플러스나 마이너스가 되는 징벌Sanction, 문제를 해결하는 행위자의 인식능력, 행위 수행을 가능케 하는 여러 자원 등이며 언어실천, 규범이나 자원 배치를 염두에 두고 행위자의 '주체성'이나 '주체적 선택'을 생각할 필요가 있다.

물론 가부장제를 설명항으로 두는 것만으로는 문제가 해결되지 않을

것은 자명하다. '우리는 가부장제 사회에 살고 있으므로 이러한 가부장
제적 현상이 나타나는 것이다'는 설명은 똑같은 말을 반복하는 것에 지
나지 않는다. 가부장제로 무언가를 설명하려 한다면 아무것도 설명할
수 없다. 그러나 그것은 가부장제란 무엇인가를 설명하는 것과는 별개
의 문제다. 가부장제가 무엇인지는 아직 풀리지 않은 질문이라고도 할
수 있다. 문제를 가부장제라고 이름짓는 것은 문제의 소재를 정하는 것
이다.

3. 가부장제는 어떻게 인식되었는가?

일본 학계에서 페미니즘의 가부장제 개념은 논쟁거리였다. 특히 그것
은 종래의 베버가 말한 가부장제 개념의 '전통'과는 달리, '일탈적인' 용법
으로 간주되는 측면이 있다. 예를 들어 세치야마 가쿠瀬地山角는 가부장
제를 아래와 같이 설명하고 있다.

우먼 리브 이후의 페미니즘의 이론 모색 과정에서 가부장제는 핵심 용
어Key Term로 기능해 왔다. 그리고 그것은 그 이전에 사회학을 시작
으로 한 사회과학에서 이미 용법이 축적되어 있었기 때문에 기존의 학
문에서 혼란을 초래하여 페미니즘을 '아는 사람만 아는' 것으로 만들었
다고 생각한다. … 그 만큼의 축적을 무시한 페미니즘적 용법의 독단적
행보는 기존 학문의 측면에서 본다면 예의를 모르는 도장 깨기와도 같
은 것이다. … 소위 가부장제 개념은 페미니즘을 고립시킨 원흉이다.
페미니즘은 기존의 학문에서 본다면 전통을 무시하고 제멋대로 행동하

는 방탕아와도 같으며 정당한 대접을 받지 못했다고 생각해서는 안 된
다(瀨地山 1996: 9~10).

　그러나 공평하게 판단해 본다면, 페미니즘에서 가부장제 개념은 '예의
를 모르는 도장 깨기', '그 전통을 무시하고 제멋대로 행동하는 방탕아'라
는 이야기를 들을 만큼 기존의 학문에 경의를 표하지 않았다고는 생각하
지 않는다. 오히려 '기존의 학문' 속에서 충분히 위치지을 수 있는 개념의
계승과 재정의가 이루어졌다. 세치야마가 말하는 것처럼 페미니즘의 가
부장제 개념은 '페미니즘을 고립시킨 원흉'인 것일까?

　여기서는 오히려 페미니즘의 가부장제 개념에 대하여 정당한 대접을
해오지 않은 기존의 학문 측을 검토하면서 페미니즘에서 가부장제 개념
을 기존의 학문 속에서 위치짓고 싶다. 지금부터 세치야마의 정리를 비
판적으로 참조하여 가부장제 개념의 역사를 추적하고, 가부장제라는 개
념에 의해 무엇이 문제시 되었는지를 분명히 하고 싶다.

　세치야마는 사회학에서의 가부장제 개념이 베버의 가부장제 개념에서
기원한 Patriarcalism, 페미니즘의 가부장제 개념은 문화인류학에서 기원
한 Patriarchy라고 주장하며 서로 다른 개념이라고 지적하고 있다. 이 경
우 사회학에서 가부장제 개념은 획일적인 것으로 간주되고 있으나, 사회
학에서의 가부장제 개념은 세치야마가 말하는 것처럼 정말 일관된 것이
었을까? 거기에는 어떤 의문들이 제기되었을까? 그 개념은 어떠한 현대
적 의미를 담고 있는가? 그리고 페미니즘에서의 가부장제 개념은 정말로
사회학적 용법으로부터 '고립'된 것이었는가? 페미니즘 문헌에서 가부장

제 개념이 사용된 방법을 지금부터 실제로 읽어보면서 이러한 비판을 재고해보도록 하겠다.

4. 사회학은 가부장제의 무엇을 문제시하고 있는가?

세치야마에 의하면 페미니즘에서의 가부장제Patriarchy는 문화인류학적 계보의 연장선상에 있는 개념이며 그것도 '이미 실제 분석에는 그다지 활용되고 있지 않은 역사상의 개념'이 되어버린 '부권제' 개념을, '권력을 소유하는 주체의 성별이라는 점으로 이해하여 만들어진' 것이다. 이에 비해 사회학에서의 가부장제의 용법Patriarcalism은 우선 "무엇보다도 베버를 중핵으로 하며", "문화인류학과 마찬가지로 고대 로마 등이 거론되어", "그 의미에서 문화인류학의 그것과 공통되는 요소도 많으나", "주목하고 있는 점은 문화인류학과 미묘하게 다르고", '지배의 인류학'의 일환으로서 문제시되고 있다고 한다. 그리고 "또 한편으로는, 그러한 학문적 의미에서의 적용 가능성과는 조금 다른 차원에서, 메이지 민법 하의 이에 제도를 보여 주는 대표적인 예로서 가부장제가 상당히 정착되어 있는 것도 사실"이라는 '일상적인 용어법'이 있다고 한다. 여기서 가부장제 개념은 3가지 흐름(문화인류학과 페미니즘의 용법을 별개로 생각하여 4가지)으로 구별되어 있다.

그러나 사회학의 학설을 검토해보면 사회학에서 가부장제 개념은 일관성을 가진 것이 아니라 시대의 사회적, 이론적 흐름에 따라 논쟁점이 바뀐 것이 명백하다. 우선 사회학에 가부장제 개념을 도입했다고 일컬어지는 도다 데이조가 전전에 가족유형으로서의 가장적 가족을 〈근대가족론〉에 대비해 제시했을 때 그의 관심은 가족 구성의 크기를 설명하는 것이었으며, 베버식의 '사회학적'인 의미는 옅었고, 메인Maine이나 크란쥬Couranges를 모방한 문화인류학적 용법에 가깝다.

또 엄밀히 말하자면, 도다는 가장적 가족과 〈근대(적) 가족〉을 이항대립적인 의미에서 '대립'적인 것으로 보고 있지 않다. 도다에게 가부장 가족은 부부나 친자나 근친자로 구성되었으며, 감정적으로 융합되고 자연적인 종속관계에 기반을 둔 공산관계에 있는 〈근대(적) 가족〉이라는 특징이자 종적 보존의 기능을 실현하는 인적 결합이며, 여기에 종교적 공동사회라는 특징이 추가된 것에 지나지 않기 때문이다.

그런데 반복해서 말한 것처럼, 전후에 가부장제를 둘러싼 사태는 일변하였다. 전후 직후에 일본의 민주화가 목표시 되어 일본 사회의 근대성의 결여, 전근대성이 문제화될 때, 봉건적인 존재로서 간주된 것이 가족국가관이며 가족제도였다. 미국의 근대적, 민주적인 '소위 Family인 가족', 즉 패밀리Family라는 집단으로서의 '가족'이 지향되었다. 그 때 일본의 구민법이 봉건적 · 전근대적인 '이에'이자 가부장제 제도이며, 미국의 '가족'과 정반대의 것으로서 인식되었다.[2]

일본의 가족제도를 전근대적인 봉건유제로서 볼 때 이론적인 지주가

---

2) 이것도 반복된 것이나, 전전의 민법에서는 가장을 중심으로 하여 성원을 '가족', 현재 우리들이 Family라고 부르는 것과 가족 집단을 '이에'라고 부르는 것처럼, '가족(Family)'과 '이에'는 대립적인 개념으로 의식되지는 않았다. 가족은 가속, 즉 집에 속한 성원들이며, 가족 집단을 가리키는 용법은, 일상적으로는 그다지 보급되지 않았다고 한다(川本 1978, 森岡 1993).

되었던 것이 베버의 봉건제 개념이다. 즉 중세 유럽과 일본에만 봉건제가 성립되어 있었다는 베버에 의거해 봉건적인 가부장제(혹은 그 발전형태로서의 가산제)가 일본의 전근대적인 성격을 제거하기 위한 하나의 수단이 되었다. 이런 의미에서 "학문적인 의미에서의 적용가능성과는 별개의 차원"(瀨地山 1996: 20)에 있다고 생각된 가부장제의 '일상적인 용어법'도 사회과학의 용법으로부터 큰 영향을 받아 확산된 것이라고 할 수 있다.

이러한 문제설정은 마루야마 마사오丸山眞男나 가와시마 다케요시川島武宜를 시작으로 하는 시민사회론에 의해 우선적으로 만들어져 법학, 경제학, 사회학 등 여러 사회과학 분야가 혼연일체하여 가부장제(가산제)를 문제 삼았다. 즉 법제사나 사회학이라는 각각의 분야에서 가부장제 개념에 관한 '유사한 논의'가 이루어진 것은 결코 아니다. 각 분야에 공유되었던 이 전후 직후의 패러다임을 염두에 두고 이해하지 않으면, 왜 1980년대에 이르기까지 근세나 중세의 가부장권의 성립을 둘러싸고 일본에서 논쟁이 일어났는지 이해할 수 없을 것이다.

이러한 학문상의 논쟁은 전후 일본에서 베버 개념을 적용할 수 있는가의 문제가 있었기 때문에 가능했다. "1952년 봄, 법제사학회는 '가장의 권력'을 공통 테마로 하여 개최되었다. 이 공통 문제 설정의 배경에는 전후 사회과학 제 분야에서 전근대가족에 관한 가부장제 인식이 고양된 것이 있으며, 그것과 법제사 학계의 인식 사이에 존재하는 괴리가 문제가 된 사정이 있었다"(가마다[鎌田] 1987: 4). 이러한 사회적 문맥과 문제설정이 있었기 때문에 베버의 학설에 비추어 일본의 전근대가족에서 가부장권이란 무엇이었는지, 어떻게 성립되었는지, 무사층뿐만 아니라 가부장권이 희박했던 농민층에도 성립될 수 있었는지 등의 논점이 문제가 되었다.

여기까지 정리해보면 사회학에서도 전전과 전후의 가부장제 개념은 일관되어 있지 않았다는 점, 베버의 가부장제 개념을 이용하여 문제를 설정한 것은 전후라는 점 그리고 그 문제설정이 구민법에서 만들어져 일상적으로 사용되었던 가부장제의 용어법을 크게 확산시켰다는 점 등으로 압축될 수 있다. 사족이기는 하지만 전후 사회학에서도 세치야마가 말한 '학문적 의미'가 아니라 '일상적인 용어법'인 가부장제의 용법은 전후 가족사회학에서도 —예를 들면 고야마 아츠시 등이 가족분석에 근거해 전통가족이 '가장적'이라고 이야기한 것처럼— 사용되고 있는 것을 지적해두고 싶다(小山編, 1960).

또한 세치야마는 문화인류학의 가부장제Patriarchy는 권력을 가진 주체의 성별과 특정한 가족유형을, 사회학의 가부장제Patriarchism는 특정한 가족유형과 지배유형을 문제시하고 있다고 분석의 수준을 나누지만, 여기서 양자는 그렇게 다른 것이 아니다. 역점을 두는 곳은 분명히 다르지만, 베버도 가부장제에 대하여 지배의 주체를 '가장인 남자'라 정의하고, 권력을 가진 주체의 성별을 언급하고 있기 때문에 문화인류학적인 문헌과 무관한 이론을 구축하고 있는 것은 아니다. 양자의 구분은 어디까지나 상대적인 것에 지나지 않을까?

보다 정확히 말하면 베버의 '사회학'적 가부장제론만을 특권시할 이유는 없다. 예를 들어 페미니스트인 실비아 월비Sylbia Walby는 저작 『가부장제의 이론화Theorizing Patriarchy』에서 개념으로서의 '가부장제

Patriarchy'를 설명할 때, 베버의 '경제와 사회'와 '지배의 체계'를 언급하며 이것이 긴 역사를 지녔다고 서술하고 있다 (Walby, 1990). 또한 베버 '유형'론도 단순히 '유형'으로서 이해되었으나 '실태'와 혼합되었던 것은 아니냐는 의문도 있다.

『가부장제의 이론화』, Wiley-Blackwell, 1991)

결국 일본의 가부장제에 관련된 문제는 전후 베버 학설의 수용에 의거한 일본 사회 분석의 문제였다. 전후 민주화를 목표로 한 일본 사회가 베버 학설을 참조하면서 일본 사회의 봉건성, 전근대성을 다루며 가부장제적 가족 제도를 문제시한 것이다. 그러나 성별 역할 분업이나 가족국가관 등 전근대성으로 대표되는 현상은 최근 역사학의 성과에 의하여 구미에서도 존재했던, 지극히 근대적인 현상이었다는 것이 분명해졌다. 또한 구미 시민사회 영역에 정말로 시민사회 규범이 관철되어 있었는지도 의문이다. 이렇게 생각하면 전전, 전후 일본도 정말로 전근대 사회였는지, '앞서간 구미 근대'라는 이념은 단순히 이념에 지나지 않았는지 의문이 떠오른다.

대담하게 말하자면 베버의 가부장제 개념은 일본 사회의 '봉건제' 분석을 위해 사용되었으며, 그것으로 역사적 사명을 끝낸 것이 아닐까? 즉 '근대사회' 분석을 위한 베버의 가부장제 개념은 이미 더 이상 필요치 않은 것이 아닐까? 법제사의 분야에서 에모리 이츠오江守五夫는 『근대시민사회의 가부장제』(江守 1995)라는 시민사회에 존재하는 가부장제에 관한 개념을 제출하였다. 개념이라는 것은 계승·변경되어, 재정의되는 것은 아닐까?

또한 페미니즘이 문화인류학으로부터 가부장제 개념을 계승한 이론적 문맥을 생각해보면, 『모권제로부터 부권제로』라는 바흐오펜Bachofen의 '모권론'으로부터 모건Morgan의 『고대사회Ancient Society』, 엥겔스Engels의 『가족·사유재산·국가의 기원The Origin of the Family, Private Property and the State』, 또한 레비-스트로스Levi-Strauss에 의한 여성의 교환론 및 『친족의 기본구조Les Structures élémentaires de la parenté』 등이 있으며, 기본적으로 남성에 의한 여성지배는 미개사회의 친족구조 문제라고 파악되고 있다. 여기 페미니즘에서 거론되는 가부장제 개념이 보편주의적, 몰역사적인 것으로 그려지지 않으면 안 되었던 이유를 알 수 있을 것이다. 가부장제라는 개념을 생각할 때는 이 몰역사주의도 극복해야 할 대상이며, 문제를 '근대적 가부장제'에 한정하여 생각할 필요가 있다.

페미니즘에서의 가부장제 개념은 이들 사회(과)학과 문화인류학의 가부장제 개념의 극복을 전제로 제시되지 않으면 안 된다. 세치야마는 분석개념으로서 가부장제를 정의하지만, 그러한 분석개념으로서의 가부장제는 '성과 세대에 근거하여 권력이 불균등하게 그리고 역할이 고정적으로 배분되는 규범과 관계의 총체'이다. 여기에서 '역할의 배분은, 그 자체가 당장 권력의 배분을 보여주는 것이 아닌' 것으로 파악되어, 역할과 권력은 독립적인 것으로 생각되었다. 그러나 역할 분업이 성별과 관련되어 있는 현재, 역할 분석에 권력을 배제한 채 독립적으로 정의하는 것이 ―

권력의 정의에 의한 것은 물론 있으나— 과연 가능할 것인가 그리고 그러한 정의는 대체 어떠한 분석 결과로 이어지는 것인가에 대해서 생각해 보지 않으면 안 된다. 또한 역으로 '근대의 성별 역할 분업이 어떻게 권력의 배치를 가능하게 했는가?'라는 문제를 생각할 필요도 있다.

세치야마는 "종래 일본에서 '가부장제'로 불린 일본 구민법 하의 이에 제도에 근거하여 성에 기반을 둔 권력, 역할의 배분이라는 것은 … '남자는 밖, 여자는 안'이라는 근대의 역할 분업을 반영하는 점에서 근대라는 시대의 각인을 받았으며, 또한 부부 간의 결합보다도 친자, 특히 모자의 결합이 중시된다는 점에서, 서구에 비해 특수한 일본적 색채를 띠고 있는"(瀬地山 1996: 46, 강조는 인용자(千田)에 의한 것) '일본형 근대적 가부장제'라고 말한다. 일본의 근대를 '특수한 것'이라 인식하는 것을 가능하게 했던 것은 전후 사회과학의 문제 설정이었다. 일본의 사회학에서 사용되는 가부장제 개념을 검토한 결과 분명해진 것은 이 명제 자체가 재검토되지 않으면 안 된다는 것이다.

가족에서 모자의 결합이 중시되는 것은 서구의 근대가족에서도 마찬가지이며 '일본적 특수성'이라 말하기 어렵다. 혹시 일본에서 상대적으로 모자 간의 결합이 중시되었다 하더라도 그것이 그만큼 중요한 것인지, 왜 가족 내의 그 정도 차이가 그대로 가부장제에까지 반영되는지는 분명하지 않다.

세치야마는 "가족 중에 존재하는 성과 세대에 근거하여 여러 가지 관계 규범이 바깥 사회로 확장되는 지점에 가부장제의 원점이 존재한다"는 가족 환원주의, 문화론적 구제를 채용하나 —그것은 '이에'를 모방하여 확대한 일본문화론을 방불케 한다— 나는 그를 지지하지 않는다. 가부장제는 가족의 형태라는 문제로 환원되는 것이 아니라, 사회 시스템의 문제로 생각해야 되기 때문이다. 또한 근대사회는 미개사회와는 달리 친족구조로는 환원되지 않는다. 문화인류학의 가부장제 개념을 비판적으로 검토했다면, 이러한 결론이 나오는 일은 없지 않았을까?

5. 페미니즘은 가부장제의 무엇을 문제시하고 있는가?

1) 케이트 밀렛

1970년대 이후의 페미니즘의 이론 모색 중, 가장 빨리 가부장제라는 용어를 사용한 것은 케이트 밀렛Kate Millett이었다. 밀렛은 급진적 페미니즘Radical Feminism의 대표적인 이론서인 『성의 정치학Sexual Politics』(Millett 1970=1985)에서 가부장제에 대해 논의할 때 "양성 간에 존재하는 상황은 막스 베버가 헤르샤프트Herrschaft라고 정의한 현상, 즉 지배와 종속의 관계에 있다고 지적하지 않을 수 없다"(Millett 1970=1985: 71)고 서술하고 있다.

"성에 의한 지배는 아마도 이데올로기로서 우리의 문화 속에서 가장 넓게 행해지고 지속되어, 가장 기본적인 힘의 개념이 될 것이다"(ibid.: 72. 번역은 Tuttle 1986=1991로부터). "그것은 사회학의 Patriarcalism이 가진 것과 같은 지배형태론과는 다른"(瀬地山 1996: 22)것일지도 모르나, 남녀의 관계를 지배와 종속의 관계로서 규정하여 '권력' 개념을 축으로 군대, 산업으로부터 경제에 이르기까지 "사회 중의 여러 권력 통로는

경찰의 강제적 폭력까지 포함하여 모두 남성의
수중에 있다는 것"(Millett 1970=1985: 72)을 체
계적으로 분석하려 하였다. 밀렛은 성에 의한
지배라는 지금까지 사용되지 않았던 새로운 지
배의 문제를 제기하고 있다. 밀렛은 베버의 지
배 개념에 의거하여 문제를 제기하며, 협의의
〈정치〉 개념을 넘어 ―어떤 일군의 무리에 의
한 다른 무리에 있는 인간의 지배를 〈정치〉라

『성의 정치학』(University of
Illinois Press, 2000)

고 부르는 것과 같은― 〈정치〉 개념에 대하여 재정의하고 있다.

밀렛의 이 저작은 사회학을 중심으로 한 것이지만 여러 가지 학문 영
역을 통합한 포괄적인 저작이기 때문에 가부장제 개념 자체도 분명치
는 않다. 밀렛이 가부장제를 정의할 때 연상시키는 "'아버지patri의 지배
archy'와 같은 이미지"는, 부계의 연장자에 의한 젊은 층의 지배 그리고
남성에 의한 여성의 지배, 즉 성과 연령이라는 두 가지 변수로 구성되는
연장자 지배이며, 부르주아 단혼가족이 여기에 한정되지 않는다는 점도
주의할 필요가 있을 것이다.

이러한 가부장제 사회분석과 동시에 행해진 것이 문예비평이었으며
이 부분이 책의 백미다. D. H. 로렌스Lawrence, 헨리 밀러Henry Miller, 노
만 메일러Norman Mailer, 장 주네Jean Genet 등 남성 작가들의 섹스 묘사
를 분석하여 종래에 가장 개인화되어 공권력에 대항하기 위한 요새라고
조차 생각되었던 섹스라는 영역에서, 여성에 대한 남성의 권력 행사가
이루어졌다는 점을 폭로한 밀렛의 전략은 급진적 페미니즘의 핵심인 "개

인적 것은 정치적인 것이다"라는 것을 관통하는 것이다.

"페미니즘에서 성 차별의 기원이, 해방을 위한 전략을 구축하기 위해 가장 중요한 포인트다"라고 말한 세치야마에 의하면, 밀렛에 대하여 "페미니즘에서 최초로 가부장제라는 말을 쓴 것은 현상을 기술하는 데 중심을 둔 것이며, 그 기원에 대한 분석은 충분치 못한 점이 많다"(瀨地山 1996: 23)는 평가를 하고 있다. 그러나 나는 오히려 가부장제의 기원을 추적하는, 안이하고 불확실한 사료에 근거한 —왕왕 그것은 공상의 산물이기 때문에— 역사 실증주의나 인과관계 분석에 빠져, 구체적인 작품에 대한 문예비평을 통해 "상세한 분석과 탈구축"(Tuttle 1986~1991: 350)을 행해 당시의 섹스를 '탈자연화'한 것이 당시로서는 참신하다고 평가받을 만한 것이라 생각한다. 어떤 현상을 '탈자연화'하기 위해서는 그 현상을 '역사화'하는 것도 방법 중 하나일 것이나, '자연'적이라고 생각되었던 사상의 구체적인 구조를 폭로하여, 어떠한 권력이 행사되었는지 그 관계를 분석하고 그 '자연스러움'을 논의의 단상으로 끌어올리는 방법도 또한 유효하기 때문이다.[3]

---

3) 밀렛(Millet)의 이 저작은 분명히 분석은 치졸하나, 현재까지 이어지는 페미니즘의 문제를 제기하여 분석한 점에 큰 감명을 받았다. 가부장제에서 계급은 일찍이 창부와 가정부인, 현재는 직업부인과 주부 사이에 적대감을 만든다는 지적, 또한 창덕(娼德)이라는 계급뿐만 아니라 미추(美醜)와 연령(年齡)이라는 계급이 존재한다는 지적, 또한 '여자'라는 카테고리가 어떠한 것인가를 생각할 때 아직까지도 시사적이다. 또한 밀렛은 젠더에 관해 남성도 분석하였다. 성별과 동성애, 즉 젠더와 섹슈얼리티, 또한 인종, 계급의 배치와 그 위계(Hierarchy) 분석 등 우리들이 배워야 할 것은 아직 많이 남아 있다고 생각한다.

2) 줄리엣 미첼Juliet Mitchell과 마르크스주의 페미니즘

가부장제 개념은 마르크스주의 페미니즘 이론에서 가장 논쟁적인 개념이다. 이 개념은 마르크스주의의 생산환원주의에 결별을 고하고 가부장제라는 문제를 독자적으로 세우는 것을 가능케 하였다. 그러나 그것은 다시 자본제와 가부장제와의 관계를 분명히 해야 하는 과제를 만들었다.

마르크스주의 페미니즘의 출발점으로 위치 지을 수 있는 것은 줄리엣 미첼이다. 미첼의 『정신분석과 페미니즘PSYCHOANALYSIS AND FEMINISM』 (Mitchell 1974=1977)은 단순히 "심리적 기원을 쫓는 흐름"(瀨地山 1966: 24)에 그치는 것이 아니다. 미첼은 분명히 알튀세르를 통해 프로이트 이론을 다시 보고 있으며, 그녀의 이론은 학설사적으로 마르크스주의 페미니즘을 생각할 때 빼놓을 수 없는 것이다. 왜냐하면 미첼은 자본주의적 생산양식과는 구별되는 영역을 이데올로기로 간주하였으며 정신분석을 통해 가부장제를 남근지상주의Phallocentrisme의 문제로 간주했기 때문이다. ― 물론 미첼은 알튀세르의 최종심급 개념은 인정하지 않았으나, 여기서는 마르크스주의 페미니즘의 논쟁의 원점을 찾을 수 있다.

미첼의 가부장제 개념은 아래와 같이 서술되어 있다. 인류학에서 사용되는 '부계'라든가 '아버지 쪽의'라든가 '아버지 쪽에 거주하는' 것과 같은 단어에서는 "권력이나 포괄적인 법이라는 의미를 느낄 수 없기" 때문에, "나는 아버지의 법이라는 의미를 채우기 위하여 '가부장제'라는 단어를 꺼내들었다"(Mitchell 1974=1977: 7). 문제는 '아버지'의 법이라는 남근지상주의, 자본주의 사회에서는 핵가족이라는 형태로 나타나는 오이디푸스 콤플렉스 그리고 오이디푸스 콤플렉스를 통한 사회화 과정이다.

미첼의 가부장제론이 마르크스주의 페미니즘의 논쟁점의 원점인 것은 그녀가 자본제라는 생산양식과 가부장제라는 이데올로기 양식을 '상호 의존관계'이면서도 '두 개의 자율적 분야'로 서술했기 때문이다. 예를 들어 일본의 마르크스주의 페미니스트 우에노 치즈코가 주장하는 것(과 그 비판)의 핵심은 근대사회를 가부장제와 자본제의 두 가지 시스템의 상호 침투로 구성되는 이원론을 취하는 것 그리고 가부장제는 가사 노동의 착취라는 '물질적 기반'을 가졌다는 두 가지로 정리될 것이다. 이 중 최초의 이원론에 관해서는 미첼, 소코로프Соколов 등 이원론자들의 주장을 계승하고 있으며, 두 번째로 물질적 기반에 관해서는, 미첼과 같이 가부장제를 이데올로기만으로 환원시키는 입장을 비판의 대상으로 하여, 가부장제도 독자적인 (재)생산양식을 가진다고 생각하는 것이 가능하다.

마르크스주의 페미니즘에서 말하는 가부장제 개념의 혁신적인 점은 가부장제 개념을 '역사화'한 점에 있다. 가부장제를 근대자본주의 시스템과의 관계에서 파악함으로써 가부장제 개념이 가진 몰역사성이 극복되었다. 따라서 "기존의 가부장제적 이데올로기 및 전통적으로 여성이 가정 근처에서 일한 것이, 여성의 주변화와 그에 의한 여성의 종속적 위치 확립을 가능하게 하였으며"(Young 1981=1991: 101), 자본제가 "처음부터 남성을 제일로, 여성을 제이로 규정하는 젠더 계층 위에 건축되었다"(ibid.: 102)고 이야기한 아이리스 영Iris Young의 일원론적 방법에는 문제를 느낀다.

왜냐하면 여성은 전통적으로 가내家內라는 성질을 담보하고 있지 않기 때문이다. 근대사회 시스템이 형성될 때 여성은 처음으로 가정에 둘러싸여 근대적인 성별 역할 분업이 성립되었다. 이것은 사회사의 성과를 살펴봐도 분명하다. 또한 근대자본주의 성립 초기에는 여성이나 아이들이야말로 임금노동자였으며, 그 후 임금노동자로부터 구축되었던 것은 기본적으로 통용되는 사항이다. 가부장제적 자본제를 "유일하게 유사적으로 가능한 형태"(ibid.: 103)라고 하여 "가부장제에 대한 투쟁이 자본제에 대한 투쟁과는 전혀 다르다는 주장에 대해 실천 수준에서 어떤 의미가 있는지 나는 이해할 수 없다"(ibid.: 104)는 사회주의 여성해방론을 연상케 하는 영의 주장을 생각하면, 우에노가 이원론을 주장하는 의도를 잘 이해할 수 있다.

그러나 자본제와 가부장제의 이원론에도 결점이 없는 것은 아니다. 우선 가부장제를 가족에 귀착시키는 점이 있다. 근대에 평등규범이 만들어졌기 때문에 역설적으로 여성이라는 '차이'가 보이게 되었으며, 차이로서 인식되어 구축되어 갔다(Scott 1996). 그 때 여성 신체가 '가내성'을 담보하게 된 것이, 평등규범으로부터 배제된 것을 '자연화'한 것은 분명하다. 이처럼 가정 영역은 가부장제를 생각할 때 중요한 의미를 가지나, 가부장제는 가정에서만 기원을 가지는 것도, 가정 이외의 영역에 가부장제적 요소가 없는 것도 아니다. 가부장제와 자본주의를 다른 '영역'이라고 하는 것은 이 연속성을 파악하기 어렵게 하지는 않을까?

역으로 가부장제와 자본제가 상호침투한다고 한다면 양자는 어떻게 나누어질 수 있을까? 오히려 문제는 일원론이냐 이원론이냐 하는 것보다 가부장제는 이데올로기인가, 독자의 생산양식을 인정하는가, 독자적 재생산 양식은 어떠한가라는 점들이 아닐까? 물론 양자가 밀접하게 관련되어 있다는 것은 말할 필요도 없지만.

가부장제의 '물질적 기반'론에 관해서 논쟁을 되풀이하지는 않겠지만,

우에노가 가부장제는 단순히 이데올로기가 아니라 '기반'을 가진 '제도'라고 강조한 의도는 "여성 차별 같은 것은 없다. 생각하기 나름이다"라고 말한 발언 등을 생각해보면 아주 분명히 이해할 수 있다.[4] 또한 가사를 '노동'이라고 파악할 때 여성들이 비공식적인 장소에서 행해 왔던 '노동'을 어떻게 파악해야 하는지 등의 문제의식은 중요하다.

그러나 여기서 가사 노동이 가장에 의해 영유되는 것을 가부장제의 '물질적 기반'이라고 부르는 것은 역으로 우에노가 비판하는 '생산환원론'에 빠질 수 있다고 생각한다. 오히려 국제적인 성별 분업과 국제분업이라는 세계 시스템 속에서 이러한 '노동'이 자본축적에 공헌하고 있다고 보는 마리아 미즈Maria Mies의 일원론이 가사 노동에 대해 잘 설명하고 있다. 무한한 자본축적을 위한 식민지가 사라진 지금, 자본축적을 위해 필요

마리아 미즈(1931~)

하다고 생각되는 '식민지'는 여성, 자연, 타민족이라는 미즈의 주장은 젠더 변수뿐만 아니라 민족차별 등 다른 차별 요소들을 통하여 어떻게 자본제가 이득을 얻고 있는지 설명해 준다. 또한 우에노의 가부장제와 자본제의 이원론에서 빠져 있던 국민국가의 문제도, 세계 시스템을 고려한다면 파악할 수 있지 않을까?[5]

---

4) 그러나 '이데올로기의 물질화'는 알튀세르 이래 문제시된 과제이며, 우에노의 이러한 이데올로기 이해에 문제가 있는 것도 확실하다.

5) 우에노는 '가부장제와 자본제'의 이와나미겐다이분코(岩波現代文庫 2009) 판 해설에서 이를 자기비판하고 있다.

"자본주의는 가부장제 없이는 기능하지 않으며"(Mies 1986=1997: 57) 기능해 오지도 않았다. 이러한 '역사적' 사실은 자본주의가 필연적으로 차이를 요구하고 있다는 '이론적'인 사실이기도 하다. 여기에서 파악할 수 있는 것은 일원론이냐 이원론이냐는 문제가 아니라 이러한 질문 자체가 의미를 갖지 않는 새로운 지평이다. 자본주의적 가부장제를 문제로 삼는 것은 가부장제를 염두에 두어, 즉 젠더의 시점으로부터 자본제를 문제 삼는 것이다.[6]

6. 가부장제를 어떻게 생각해야 하는가?

지금까지 가부장제라는 개념의 변천을 추적하여 고찰해왔다. 그렇다면 가부장제란 도대체 무엇인가? 어떻게 정의해야 하는가?

여기서 분명히 해야 할 점은 '정의'가 중요한 것이 아니라는 것이다. 정의는 어떻게 해도 가능하다. 문제는 정의를 하는 것이 아니라 가부장제라는 현상을 어떻게 파악하고, 어떻게 해석하느냐이다.

세치야마는 가부장제가 "성 차별이 단순하게 동의반복에 빠지는 것"(瀨地山 1996: 30)이라 비판하나, 해석해내야 될 주체로 가부장제를 생각해본다면, '성 차별의 단순한 동의반복'이라도 상관없다. 그렇기 때문에 월비의 "남성이 여성을 지배하고, 억압하며, 착취하는 사회구조와 실

---

6) 내가 아는 한 미즈(Mies)의 저작 중에 가부장제의 '정의'는 보이지 않는다. 그러나 문제를 자본주의적 가부장제로 한 것, 그것이야말로 자본제 분석의 새로운 국면을 열었다고 생각한다.

천의 체계"(Walby 1990: 20)라는 느슨한 정의는 —비록 이론적인 입장을 달리 한다 하더라도— 그곳에서부터 출발한 것으로서 지지할 수 있다. 중요한 것은 정의가 아니라, 가부장제가 어떻게 구성되어 있는지를 실제로 파악하는 것이기 때문이다. 가부장제는 문제의 소재를 보여주고 있다. 가부장제라고 이름짓는 것은 여성의 주체성을 부정하는 것도, 여성의 본질을 조정措定하는 것도 아니다. 가부장제란 실밥이 터진 것처럼 여러 가지 모순을 안고 균열을 낳으면서도, 체계적인 지배 시스템을 유지하고 있다. 그리고 균열이 있기 때문에 전복이 가능한 시스템이며 소멸시켜야 할 현상이다. 가부장제라고 이름짓는 현상을 철저히 분석하는 것은 아직 과제로 남아 있다.

1. 핵가족이라는 단어

전후에 가족사회학뿐만 아니라 일본 사회에서도 '핵가족'이라는 단어는 큰 역할을 담당했다. 본 장에서는 '핵가족'이라는 개념이 어떠한 문제설정 속에서 발생하고, 어떠한 의미를 가지며, 어떠한 결과를 가져왔는지에 대해 생각해보고 싶다.

'핵가족'은 문화인류학인 조지 P. 머독George P. Murdock의 『핵심가족』(1949)에서 사용된 개념으로, 'Nuclear Family'의 번역어이다. 당초에는 '핵심가족', '핵적가족', '중핵가족' 등으로 번역되었던 학술용어로서, 1958~59년경까지는 번역어가 통일되지 않았었다. 즉 그만큼 주목을 받지 못했던 것이다. 그러나 1960년도 국세조사의 결과에 의하여 일본의 핵가족률이 비록 몇 %에 지나지 않았지만, 상승하여 '핵가족화'가 발생하고 있다고 생각되자, '핵가족'이라는 단어는 단순한 학술용어의 틀을 벗어나게 된다. 1963년에는 유행어로서 저널리즘을 석권하였으며 지금은 일상어로서 완벽하게 정착했다.

머독에 의하면 핵가족은 전형적으로는 '한 쌍의 부부와 그 아이들'로 이루어진 집합체라고 한다. 우리들이 '가족'이라는 말을 들으면 가장 먼저 머리에 떠오르는 이미지다. 그는 250년에 걸친 사회문화의 통문화적 조사에 근거해 핵가족은 인간의 보편적인 사회집단이라는 핵가족 보편설을 제시하였다. 그렇다고는 해도 모든 가족이 핵가족이라는 가족형태를 가지는 것은 아니다. 핵가족의 '핵'은 '일종의 독립된 원자'와도 같은 것으로, 가족은 분자처럼 핵가족에 의해 연결된 것이라고 한다. "핵가족은, 그것이 유일한 지배적 지배형태라 하더라도, 또한 더욱 복잡한 가족형태를 만들어내는 기초단위라고 하더라도, 지금까지 알려진 모든 사회에서는 하나의 명확한 집단으로서, 또한 강하게 기능하고 있는 집단으로서 존재하고 있다"(Murdock 1949=1978: 24~25). 이 핵가족 집단의 기능에는 성, 경제, 생식, 교육의 4가지가 있으며, 그 중 어느 하나만 빠져도 사회가 재생산되지 않고 소멸된다고 한다.

2. 왜 '핵가족'이 유행했는가?

이렇게 검토해본다면 본래 '딱딱한' 학술용어였던 '핵가족'이라는 개념이 왜 유행하게 되었는지 의문이 들게 된다. 1960년의 국세조사에서 세대의 축소 경향이 확인되었다는 것은 앞에서 서술했으나, 그것은 몇 %에 지나지 않는다. 이 몇 %라는 숫자에 왜 그렇게 큰 의미가 담겨 있는가?

그것은 일본 전후의 모습과 크게 관련되어 있다.

4장에서도 서술한 것처럼 전후 일본 사회의 출발점은 '이에'를 부정하는 것이었다. 일본이 제2차 세계대전을 일으킨 것은 후발 근대국가였기 때문에 근대화가 철저히 진행되지 않았다고 생각되었다. 근대사회에 '전근대적'이고 '봉건적'인 사회제도가 잔존하고 있으며, 건전한 근대화가 진행되지 않았던 것이 문제시 되었다. 천황제로 대표되는 가족국가관, 장자에 의한 단독상속, 가독家督에 의해 지탱된 거대한 가부장권, 동족 등 비합리적 조직형태 … 이러한 '가부장제'의 문제가 집약된 개념이 '이에'였다.

이렇게 생각하면 중요한 것은 이러한 '이에'로부터의 일탈이 된다. 즉 건전하고 민주적인 '가족', 즉 '핵가족'을 형성하는 것이 지상의 명제가 된 것이다. 이처럼 '이에'를 부정하고 '가족', '핵가족'을 이상으로 하는 사고방식을 나는 '이에 패러다임'이라고 부른다. 즉 '핵가족' 이상화의 뒷면에는 일본의 '이에'에 대한 반성이 포함되어 있다. '핵가족'이라는 개념은 '이에'와 대비되어 처음으로 큰 의미를 가지는 개념이 되었다. '이에'가 부정되기 위해서는 핵가족이 '발생하지 않으면 안 되었던' 것이다.

3. '이에로부터 가족으로'?

이처럼 '이에로부터 가족으로'라는 변동은 전후 '이에 패러다임' 속에서 필연적으로 일어났던 것이라고 생각되었다. 그런데 역사적으로 검토해

보면 이 변동론은 정말로 옳은 것일까? 확대가족으로부터 핵가족으로의 변화가 실제로 진행된 것일까?

우선 머독의 견해를 가장 유력하게 승계해 확인했다고 이야기되는 파슨즈Parsons의 "산업화는 핵가족으로 귀결된다"는 명제를 검토해보자. 이 명제는 현재 사회학자가 머릿속에서 만들어낸 공상의 산물이라고 일컬어져, 역사적으로 부정되고 있다. 산업화 이전의 사회, 즉 전근대 사회에서는 확대가족이 우위를 점한 것이 결코 아니다. 예를 들어 1장에서도 서술한 것처럼, 라슬렛 등의 케임브리지 그룹에 의한 세대분석에 의하면 12~13세기 영국에서는 핵가족 세대가 더 많았다는 것이 확인되고 있다.

애초에 산업화가 핵가족을 만들어냈다고 한다면, 노동자의 가족부터 핵가족화되어 이상적인 가족의 가치를 만드는 주체가 되었을 것이다. 그러나 실제로는 이상적인 가족의 가치는 중산계급에 의해 만들어져 노동자 계급에 그 가치가 부여된 것이다. 또한 노동계급 자신도 계급적 탁월화 전략을 위하여 중산계급적 가치를 받아들여 모방했던 것이다.

그렇다면 일본은 어떠한가? 일본에도 같은 과정을 적용시킬 수 있는가? 제1회 국세조사가 행해진 것은 1920년이나 그 1/1000 추출표를 바탕으로 가족사회학자 도다 데이조는 일본의 가족 구성원수의 평균이 4.5인이며 3세대 이상이 동거하고 있는 가족은 3할도 넘지 않는다는 것을 분명히 하였다. 즉 일본의 7할 정도는 1세대, 2세대 가족을 형성하고 있었던 것이다. 이것은 인구변동을 생각하면 당연한 결과다. 아이들의 출생수가 많았을 때는 모든 부모가 아이들 세대와 동거했다 하더라도, 상당한 수의 핵가족이 형성되는 것이 자명하기 때문이다.

4. '핵가족'은 이상적인 가족인가?

'이에로부터 가족으로'라는 '이에 패러다임'이 인구학적으로는 잘못되었다 하더라도, '핵가족'이라는 개념이 가부장제적인 '이에'의 이념을 부정할 때 큰 역할을 수행한 것은 사실이다. 그렇다면 '이에'를 부정하는 '핵가족'의 이념은 어떠한 것인가를 지금부터 검토해보자. '이에로부터 가족으로'라는 명제가 인구학적으로 잘못된 것이라는 것과 '이에로부터 가족으로'라는 규범의 변화가 요청되었다는 것은 다른 문제이기 때문이다.

민주화라는 관점으로 본다면 '이에'는 확실히 부정되어야 할 대상이었다. 그렇다면 이상화된 '핵가족'은 정말로 민주화된 이상적인 가족형태였는가? '핵가족'을 이상화하여 결과적으로 무엇이 야기되었는가? 또한 '이에', 확대가족을 이상으로 하는 언설도 존재하였으나, 이러한 주장들과 핵가족을 이상으로 하는 주장들은 어떠한 관계에 있었는가?

지금부터 1969년에 간행된 마츠바라 하루오松原治郎의『핵가족 시대』를 텍스트로 하여 핵가족을 둘러싼 주장들을 검토해보고자 한다. 마츠바라의『핵가족 시대』를 자료로 선택한 이유는 아래와 같이 3가지이다. 첫째로 이 책은 가족사회학의 분야에서 1960년대에 반복, 확대된 핵가족 개념의 유효성을 둘러싼 핵가족 논쟁과 넓은 의미에서 연관이 있다는 점, 둘째로『핵가족 시대』는 '핵가족'에 대하여 학술적으로 정리한, 매우 뛰어나고 포괄적이며 희귀한 텍스트라는 점, 셋째로 이 책은 NHK 북스로서 출판되어 일반인들에게 널리 읽혀, 영향력을 발휘했다는 점이다.

1) 가족의 다양성 억압

마츠바라에 의하면 핵가족과 마이홈주의는 가까운 관계에 있다.

> 아무리 '마이홈주의'를 경멸하려 하더라도 부부가 애정과 상호 신뢰와 서로에게 마음을 기대는 것으로 연결되는 장면, 부모와 자식이 서로 무언가를 기대하거나 성장을 기원하면서 만들어가는 분위기를 완전히 부정하는 사람은 없다. 이런 의미에서 부부와 자식이 만들어내는 핵가족은 한 사람 한 사람에게는, 또한 오늘날 모든 사회에서는, 그야말로 기초적 사회집단이라는 이름을 붙일만한 집단이라고 말할 수 있다. T. 파슨즈의 표현을 빌리면, 핵가족의 기능으로서 ① 정상적인 경우, 모든 아이들이 핵가족 속에서 '사회화socialization'의 과정을 개시한다는 것 ② 정상적인 경우, 모든 어른이 핵가족 속에서 인성personality의 '안정화stabilization'와 남녀 양성 간 성의 밸런스의 '조정regulation'을 꾀한다는 것을 들 수 있다(마츠바라[松原] 1969: 31 강조는 인용자(千田).

이러한 마이홈주의에 근거한 핵가족이 긍정되는 근거는 가족이 '기초적 사회집단'으로서 위치되고 있기 때문이다. 전후 핵가족은 복지나 인간성의 요새라고 생각되어 그 가치를 칭송받게 되었다. "현대사회의 가족이 정당한 존재의의를 가지며, 동시에 오늘의 마이홈의 기반이 전중파戰中派를 시작으로 하는 국민의 노력에 의해 경제적, 사회적, 또한 정치적인 고된 투쟁 과정에서 승리해 획득한 것이라는 사실 그리고 또한 현재 상황에서 그 생활조건이 여러 가지 요인에 의해 직·간접적으로 위협받고 있다는 사실, 그 와중에 인간적 조건을 확보할 수 있는 거의 유일한 요새라는 것"(ibid.: 4)이 강조되게 된다.

얼핏 생각하면 이 주장 자체에 문제가 있다고는 보이지 않는다. 그러나 이렇게 특정한 가족상을 '요새'라고 보면, "'이에'라는 틀이나 제도나 관습을 유지"하기 위하여 "집단적인 핵으로서의 구조나 기능이 이루어지지 않는"(ibid.: 49) 직계가족이나 대가족이 부정되어, 어떤 특정한 가족상, 즉 '핵가족'만이 유일하게 '올바른 가족'상으로 군림해버리는 결과를 야기한다.

전후에 가족의 단위를 '부부와 아이들'로 둔 언설의 효과로서 '아이들이 없는 가족은 가족이 아니다'라는 말이 나오는데, 가족사회학자와 같은 전문가들이 '올바른 가족'에 대한 판단을 행하게 되었다는 측면을 부정할 수 없다. 이렇게 아이들의 유무가 '올바른 가족'의 특징으로 강조되는 것은 전전에는 그다지 발생하지 않았던 일이다. 예를 들어 가족에 관한 모노그래프를 작성하기 위해 사회학자 아리가 키자에몬은 전전에 '가족'의 정의로서 부부를 들고 있으나 아이들에 관해서는 언급하고 있지 않다.

또한 "급격한 일본의 핵가족화"(ibid.: 17)가 강조되어 "7할은 핵가족적 세대"(ibid.: 20)라고 하나, 이들 '핵가족적 세대'에는 모자 가정이나 부자 가정도 포함되어 있다. 이 마츠바라의 작업을 비판대상으로 하고 있는 것은 아니지만, 1920년과 1960년의 국세조사를 비교해 '핵가족적' 세대가 60%로부터 65.1%, 즉 5.1% 증가하였다는 결과를 바탕으로 근대산업의 발달과 함께 일본에도 가족의 핵분열적 경향이 나타나고 있다고 결론짓는 것에 대해 야마무로 슈헤이山室周平는 경종을 울리고 있다. 여기서의 '핵가족적 세대'는 본래의 핵가족 외에 '단독세대, 자식이 없는 부부세대 및 배우자를 잃은 세대'를 포함하고 있으며, 본래 핵가족 세대는 42.5%이기 때문이다. 1920년에 핵가족 세대는 38.3%였으므로 증가하였다고 말할 수는 있겠지만 증가율은 5%에도 미치지 못하고, "단독세대, 자식이 없는 부부세대 및 배우자를 잃은 세대도 21.7%로부터 22.54%로 조금이지만 증가하고 있다는 것을 간과할 수 없기 때문이다"(山室 1963→ 1987: 302).

그러나 모자 가정이 '핵가족적 세대'에 포함되는 한편, 가정의 단위를 생각할 때 부모가 있어야 핵가족이라는 기본 자세가 붕괴된 적은 없다. 예를 들어 핵가족 보편설에 대한 비판으로서, 아담스Adams에 의한 '모자가정설母子家庭說'이 있다. 중앙아메리카의 영국령 기니아의 흑인 가족을 조사한 결과를 보면, 아버지는 '잠재적인 임신 수단'에 지나지 않으며 모자 단위로 움직이는 세대의 핵이 되는 존재는 어머니와 아이들이다, 여기에 대해서 "역시 어머니와 자식만의 관계를 기본단위로 한다는 생각은 무리이며, 핵가족의 '핵'이라는 의미는 의연하게 존재한다고 말할 수밖에 없다"(ibid.: 39)고 결론짓는다. 그러나 이것이 특정한 가족형태만을 유일하게 '정상적인' 가족 형태로서 간주하는 규범을 만들어내는 결과를 초래하는 것은 아닌지 의심해볼 필요가 있다. 애초에 '핵가족'의 출발점을 생각하면, 그것은 가족형태가 아니라, 가족의 기본적인 분석단위에 지나지 않았기 때문이다.

2) 자민족중심주의 — 미개와 문화

또한 많은 학자의 연구 테마를 기초로 하여 W. J. 구드W. J. Goode가 강조하고 있는 점을 살펴보면 문명사회는 원래, 어떠한 미개사회를 살펴봐도, 사회적으로 승인된 남녀의 성관계로부터 태어난 아이, 즉 '적자'와 그렇지 않은 관계에서 태어난 '적자가 아닌 아이'를 사회생활이나 제도의 의식상에서 구별하였으며, 차별적 대우를 하지 않은 사회는 없었다. 적출, 비적출이라는 개념이 있다는 것 자체가 동물사회와 달리 문화를 가진 인류사회 고유의 현상이다. 인류에게는 성(Sex)이라는 것이 단순한 생리적 요구나 종족 보존본능 이상의 '사회적 기능' —성관계에 사회적 승인을 수반되게 함으로써 사회의 질서유지를 획책하는— 으로서 작용하고 있다(ibid.: 38).

"어머니와 자식만의 관계를 기본단위로 한다는 생각은 무리이며, 핵가족의 '핵'이라는 의미는 의연하게 존재한다고 말할 수밖에 없다"는 것의 근거가 되는 것이 위의 부분이다. 머독은 핵가족 보편설의 근거로서 어떤 사회에도 사회적으로 승인된 혼인관계와 근친상간 터부incest taboo가 존재한다는 것을 들고 있다. 즉 어떠한 미개사회에서도 이러한 근친상간 터부로 인해 핵가족 내 혼인이 발생하는 경우는 없었다. 그 결과 사람은 가정을 넘어선 장소에서 사회관계를 맺지 않을 수 없게 되었다. 그렇기 때문에 핵가족은 다른 사회관계와는 독립된 단위로서 추출되게 되었던 것이다. 프로이트에 대해 머독이 취하는 태도는 양의적이나, 근친상간 터부나 혼인이라는 규칙이 인간을 문화적, 사회적 존재로 끌어올린다는 점에서는 이론이 없을 것이다.

프로이트주의를 핵가족론이 끌어안게 됨으로서 적출/비적출이라는 구별을 하는 것 자체가 인간을 동물로부터 분리시켜 문화적 현상으로 보는 결론을 이끌어냈다. 비적출자 차별을 '문화'를 통해 합리화시킨 것이다. 실제로 비적출자에 대한 차별은 '이에' 제도를 부정하였고, '민주화'되었을 전후 민법에 의해 강화되어 있다. 이것은 '핵가족'을 이상의 가족상으로 제시한 효과일 것이다. 핵가족에 포함될 수 없는 존재가 경시받게 된 것이다.

영국령 기니아의 흑인가족에서는 모자 관계가 중심적으로 기능하고 있는 사실을 부정하고, 적출/비적출이야말로 문화라고 이야기한다. 그리고 핵가족이야말로 유일하게 보편적인 것이라고 주장하는 것은 특정한 사회의 가족상만을 뛰어난 것으로 파악하여 다른 사회에 강제하는 것과 이어져 있다. 핵가족 보편설은 이런 점에서 자민족중심주의적이라 말할 수밖에 없다.

3) 사회화=성역할의 획득

1장 '핵가족 시대의 도래'의 최종절에는 '자신을 가지는 핵가족'이라는 제목이 붙어 있다. 기존의 대가족과 비교하여 얼마나 핵가족이 안정적인 제도였는지 주장되고 있다. 예를 들어 "성원 한 사람 한 사람에게 부여되는 역할이 핵가족에서는 항상 이중적이다. 즉 남편은 동시에 아버지이며, 아내는 어머니, 아들은 형제, 딸은 자매 등 그 역할의 이중성은 집단 내에 발생하는 사회관계가 항상 단독적인 것이 아니라 유기적으로 상호관련된 것을 예상케 한다"(ibid.: 48~49). 이리하여 '유기적 상호연관성'은 핵가족에 집단으로서의 구조적 심화와 강인함을 부여하고 있다.

이것은 얼핏 보면 기묘한 주장이다. '유기적 상호관련성'은 어떻게 생각해도 확대가족에서 많이 드러나는 것이 당연하기 때문이다. 그러나 확대가족은 '집단으로서의 핵가족의 강력함'이 발휘되지 않기 때문에 무력하다고 인식된다. 핵가족의 안정성은 생물학적인 조건으로부터 발생하는 것이므로 오히려 자연적인 생물학적 조건을 착란시키는 확대가족은 노이즈가 많다는 이론이다.

이 배경에는 "핵가족화가 진행되고 있는 것만으로, 또한 그것이 현대 대중사회의 흐름 속에서 나침반을 잃은 배와 같이 표류하고 있다는 현상 때문에, 사람들의 집단적 노력에 부당한 비난이나 야유가 쏟아지거나 자조나 자기비하를 하는 사람까지 나타나는 사태"(ibid.: 50)가 존재하고 있었다. '핵가족은 불안정한 형태'라는 확대가족의 가치를 칭송하는 주장에 대한 대항담론이라는 것은 고려하지 않으면 안 되지만.

> 핵가족에 대해 이야기하자면 성적 혹은 생리적, 바꿔 말하면 생물학적 기초 조건에서 오는 역할 구조의 고정성 —즉 남성인가 여성인가, 남편인가 아내인가, 부모인가 자식인가 등은 생물학적 기초조건을 기준으로 고정되어 있다— 따라서, 다른 어떤 집단보다도 훨씬 집단으로서 안정성을 지니고 있다는 점도 지적할 수 있다(ibid.: 48).

> 또한 집단 내에 작용하는 세력Power의 원천의 소재와 그 작용 방향, 즉 누가 권위의 원천이며 어느 방향으로 힘이 움직이는가에 대해서도 성별, 세대, 혹은 누구에게서 누가 태어났느냐는 출자 관계 등이 자명하므로 다른 집단에 비해 상대적으로 안정된 권위구조를 구성할 수 있다. 이러한 제 관점들을 통해 보면, 핵가족은 다른 소집단에 비하면 훨씬 안정된 구조화를 이룬 집단이라고 할 수 있을 것이다(ibid.: 49).

인간을 동물적 존재로부터 문화적 존재로 끌어올리는 것은 적출/비적출이라는 인간에 의해 만들어진 구별이었다. 이번에는 생물학적 조건이야말로 집단으로서의 안정성을 가져온다고 한다. 그러나 성별·세대별, 누구로부터 누가 출생되었는가라고 하는 출자出資 관계에 의해 권위의 구조가 결정되어 버리는 것은 업적주의가 아니라 속성주의라는 점에서는 본래의 근대적 가치 규범으로부터의 일탈이다.

> 머독이 말하는 것처럼 가족집단 내 상호작용은 단순히 상호작용이 아니라 아버지라든가 어머니라든가, 남편이라든가 아내라든가, 혹은 형이라든가 여동생이라든가의 비교적 고정된 상호 역할 간에 성립되는 '사회관계'이다. 이 역할에 근거한 사회관계는 당사자 상호 간의, 혹은 다른 성원을 포함하여, 역할을 서로 인지하고 때로는 기대하는 관계이기 때문에, 그 역할 기대가 서로의 인격personality에 내면화되어 고착된다. 즉 역할을 익히는 것으로 사회화socialization가 진행된다(ibid.: 44).

사회화란 역할을 취득하는 것이며, 이러한 역할이 취득되어 리더가 '거기에 대응하는 모습'을 행하게 되면 "성원은 안심한다"고 한다. 이러한 파슨즈식 역할관에 근거하면 가족 내부에서 두 가지 리더가 출현한다. 집단의 외부로부터 정보나 자재를 도입하려 내부에서 그것을 정비해 목표 방향으로 나아가려 하는, 소위 환경 적응을 목표 성취의 방향으로 삼고 있는 기능역할적인 '수단적, 적응적 리더'와 집단 내부에서 역할 관계를 조정하거나 성원의 잠재적, 문화적인 수준의 유지를 고려하여, 때로는 성원의 긴장을 처리하는 등의 역할을 수행하는 '통합적, 표출적 리더'가 그것이다. 이것들은 각자 남성, 여성에게 부여된 성역할이며, 이들 역할이 수행됨으로써 집단은 가장 기능적으로 움직이게 된다.

4) 핵가족을 둘러싼 언설

마츠바라는 핵가족의 가치를 칭송하고자 한다.

> 핵가족이라는 존재에 자신을 가져야 하지 않겠는가, 그 생활을 드높이
> 칭송해야 하지 않겠는가, 그것을 방해하는 것이 있으면 의연히 맞서, 때
> 로는 서로 연대하여 힘을 발휘해야 하지 않겠는가?(ibid.: 50).

핵가족이라는 개념은 분명히 '이에'로부터의 해방을 달성하였다. 그러나 해방을 약속했었던 개념은 유토피아가 아니었다. 이번에는 '핵가족'이라는 다른 가족상, '부모와 자식으로 구성되는 가족'이 가장 좋은 것이라는 가치를 만들게 되었다. 적출/비적출의 구별이야말로 동물을 인간의 (경지로) 끌어올리는 등 이상적인 핵가족이라는 시점에서 다른 존재를 중상하는 효과를 가져왔다. 또한 생물학적으로 결정된 성역할이야말로 적합하며 기능적이라는 이유로, 가족 내에 발생하는 억압이나 불평등을 문제화하는 회로를 차단해버렸다.

물론 핵가족만이 유일하게 칭송된 것은 아니다. 핵가족은 불안정하며 다양한 인간관계가 존재하는 예전의 확대가족이야말로 안정된 것이라는 주장도 있었다. 확대가족과 핵가족과 관련된 주장들은 항상 길항하는 긴장관계 속에서 만들어진 것이다. 또한 핵가족의 가치를 긍정하는 마츠바라 자신도 같은 책에서 '핵가족의 교육이 가져온 일그러짐'에 대해 언급하고 있다.

"가정 교육의 실무담당자는 한결같이 어머니였으며, 형제의 수가 적어 자신에 대한 기대가 이상할 정도로 강한 곳에서 키워진 아이들"에게는 "반드시라고 해도 좋을 정도로 무언가 문제가 발생한다"든가, "말할 필요도 없이 문제의 근원은 아이들보다 가정에, 특히 어머니에게 있"(ibid.: 106)기 때문에 "아이들이 심각한 상황에 이르기 전에 가능한 빨리 어머니 쪽을 치료하는 수밖에 없다"(ibid.: 111)고 한다. 말할 필요도 없이 이것은 '이상적 핵가족' 주장 비판이다. 육아의 책임이 어머니에게 있다고 생각하는 것은 핵가족론에서는 당연한 것이다. '이에'를 비판하는 '핵가족'도 억압적인 가족상이 아닐까에 대한 의문은 가족사회학 등의 학문 분야에서는 좀처럼 제기되지 않았다. 그러나 베티 프리단Betty Friedan의 『여성의 신화』나 일본의 우먼 리브 운동 등 학문 밖에서는 60년대부터 핵가족 비판이 시작되었다. 핵가족론은 실은 구축과 동시에 붕괴되기 시작했던 것이다.

겨우 숙제를 하나 끝낸 기분이 든다.

내 전문 분야가 '젠더 이론'이라고 생각되는 경우가 많다. 물론 그것도 내 전문 분야 중 하나이나, 실제로 젠더에 관한 논문은 취직한 이후로 의뢰에 의해서만 썼다.

내가 연구해온 것은 사실 가족사회학이다. 그것도 일본의 '근대가족'을 생각해보고 싶다는 소박한 문제의식으로부터 출발했음에도 그 전 단계의 작업으로서 우선 "일본의 가족은 '이에'인가"라는 과제를 연구하다 보니, 어느새 그것이 박사논문의 주제로까지 발전해버렸다. 더군다나 개개의 가족현상을 연구하기보다는 일본의 사회과학에서 '이에'의 표상이 어떻게 변하여, 어떤 역할을 수행하였는지 그 변천을 추적하고 있었다— 어느새 '그렇게 되어 있었다'고밖에 말할 수 없다. 내 전공을 '가족사회학'이라 단정할 때 조금 주저하기는 하나, 그것은 내가 정통적인 가족사회학자의 작업과는 다른 작업을 해왔다고 생각하기 때문일 것이다.

대학원에 다닐 때는 매일매일 도서관에 틀어박혀 다이쇼 시대로부터 쇼와 현대에 이르기까지의 문헌을 탐독하는 시간들이 계속되었다. 종합도서관, 문학부, 농학부, 법학부의 도서관 그리고 각자의 서고나 연구실

등, 혼고의 캠퍼스에 펴져 있는 문헌을 복사하기 위하여 무작정 걸었던 것을 기억한다. 더운 여름 날 땀을 뻘뻘 흘리면서 하루 종일 여기저기 도서관을 돌아다녔는데 성과는 수십 매의 잡지 논문밖에 없었던 날도 있었다. 그러나 지금 돌아보면 연구에 전념할 수 있었던 실로 풍요로운 시간이었다. 또한 대학의 내부에 연구에 필요한 문헌이 대부분 갖춰져 있었던 것이 얼마나 축복받은 환경이었는지 새삼 느끼게 된다.

편집을 담당한 마츠노 나오코松野菜穗子 씨에게는 이때부터 계속 "책을 출간하시죠"라는 제안을 받았음에도, 출간하는데 10년이나 걸리고 말았다. 이 책에는 과거에 쓴 논문도 재수록되어 있으나, 당시에는 계속 옛 문헌들을 읽고 있었기 때문에 현재 다시 읽어보면 표현이 크고, 옛스럽다고 한다면 더할 나위 없이 감사하겠다. 가능한 문장표현을 포함하여 내용을 대폭 수정했으나 미처 손을 대지 못한 부분도 있다. 양해를 구하고자 한다.

일본의 가족사회학에서 '이에' 표상에 관해서는『사상』에 게재된「'이에'의 메타사회학— 가족사회학에서 '일본근대'의 구축」논문을 다시 수록해야 할지 고민하였으나, 결국 그만두었다. 그 논문은 운 좋게도『가족사의 방법』(사사키 준노스케佐々木潤之助, 일본가족사논집 시리즈 제1권, 요시카와코분칸吉川弘文館에 채록되어 있어 지금도 일단은 서적 형태로 남아 있기 때문이다.

또한 지도 교수인 우에노 치즈코 선생이 동경대학에 부임한 이후 최초의 대학원생이나, 올해 퇴직하신다. 지금까지도 박사논문을 수정하여 출판하라고 이야기하시지만, 이제 와서라는 느낌이 강했다. 그러나 "유사한 책이 나올 거라 생각했는데, 아직 나오지 않았다. 네 박사 논문은 아직 현대적, 사회학적인 가치가 있으니 빨리 출판해라"고 퇴직 때 혼나, 마츠노 씨가 10년 이상 약속을 고사했음에도 불구하고, 감사하게도 이 출판 불황의 상황 속에서 다시 글을 받아주셨으나 제대로 작업해 출간해야겠다고 생각하여, 박사논문의 원형이 된 논문을 적당히 수록하는 것은 그만두었다. 다음에 제대로 매듭을 짓고자 한다.

일본에 근대가족론이 소개된 지 벌써 사 반 세기가 경과했으나 현대 일본 사회의 가정 현상을 생각할 때 '근대가족'이라는 개념이 어떻게 도움이 되는지, 또한 그 25년 사이에 어떻게 가족 현상이 변화했는지, 한번쯤 제대로 고찰해보고 싶다고 생각하고 있었다. 겨우 글을 쓸 수 있어 안도하고 있다.

본서는 무사시대학武蔵大學의 연구출판조성금을 사용하여 제작되었다. 출판조성금에 대한 책임과 그에 따른 마감 기한이 없었다면 나태한 내가 책을 쓰는 것은 어려웠을 것이다. 새삼 감사드리고 싶다.

2011년 1월

센다 유키千田有紀

참고문헌

Ariès, Philippe, 1975, *L'Enfant et la Vie familiale sous l' Ancien Regime*, Seuil.=1990, 杉山光信・杉山恵美子訳, 『〈子供〉の誕生—アンシァン・レジーム期の子供と家族生活』, みすず書房.

有賀喜左衛門, 1943, 『日本家族制度と小作制度—「農村社会の研究」改訂版』, 河出書房→1966, 『有賀喜左衛門著作集 Ⅰ・Ⅱ』, 未来社.

有賀喜左衛門, 1944, 「家について」→(加筆) 1970, 『有賀喜左衛門著作集 Ⅸ』, 未来社.

有賀喜左衛門, 1949, 『封建遺制の分析』, 中央公論社→1967, 『有賀喜左衛門著作集 Ⅳ』, 未来社.

有賀喜左衛門, 1949, 「家について」→1959, 日高六郎編, 『社会学論集—理論篇』, 河出書房新社→1970, 『有賀喜左衛門著作集 Ⅸ』, 未来社.

有賀喜左衛門, 1950, 「非近代性と封建性」→1967, 『有賀喜左衛門著作集 Ⅳ』, 未来社.

有賀喜左衛門, 1952, 「日本の家」→1969, 『有賀喜左衛門著作集 Ⅶ』, 未来社.

有賀喜左衛門, 1960, 「家族と家」→1970, 『有賀喜左衛門著作集 Ⅸ』, 未来社.

有賀喜左衛門, 1963, 「近代化と伝統—日本に関連して」→1967, 『有賀喜左衛門著作集 Ⅳ』, 未来社.

有賀喜左衛門, 1965a, 「家族理論と家への適応—喜多野清一氏の『日本の家と家族』を読んで」→1970, 『有賀喜左衛門著作集 Ⅸ』, 未来社.

有賀喜左衛門, 1965b, 「家の歴史」→1971, 『有賀喜左衛門著作集 ⅩⅠ』, 未来社.

有賀喜左衛門, 1965c, 『日本の家』, 至文堂→1969, 『有賀喜左衛門著作集 Ⅶ』, 未来社.

浅野智彦, 2008, 「孤独であることの二つの位相」, 大澤真幸編, 『アキハバラ発〈〇〇年代〉つの問い』, 岩波書店.

安積遊歩, 1999, 『車椅子からの布告宣言』, 太郎次郎社.

Badinter, Elisabeth, 1980, *L'Amour en plus*, Flammarion.=1991, 鈴木晶訳, 『母性とい

う神話』,筑摩書房.

Benedict, Richard & O'Gorman, Anderson, 1983, Rev. ed., 1991, *Imagined Communities: Reflections on the Origin And Spread of Nationalism*, Verso.=1997, 白石さやほか訳, 『増補版 想像の共同体: ナショナリズムの起源と流行』, NTT 出版.

Bourdieu, Pierre & Passeron, Jean-Claue, 1970, La Reprouduction: èlèment pour une theorie du systeme d'enseignement, Éditions de Minuit.=1991, 宮島喬訳, 『再生産─教育・社会・文化』, 藤原書店.

Burgess, Ernest W. & Locke, Harvey J., 1945, The Family: From Instituion to Companionship, American Book Company.

千本暁子, 1990,「日本における性別役割分業の形成」,『制度としての〈女〉─性・産・家族の比較社会史』, 平凡社.

Create Media 編, 1997,『日本一醜い親への手紙』, メディア・ワークス.

Dumenil, Gerard & Levy, Dominique, 2005, The Neoliberal (Counter-Revolution. =Saad-Filho, Alfredo & Johnston, Deborah eds., 2005, Neoliberalism, Pluto Press.

Duru Bellat, Marie, 1990, L'é cole des filles=1993, 中野知律訳,『娘の学校─性差の社会的再生産』, 藤原書店.

江守五夫, 1995,『歴史のなかの女性─人類学と法社会学からの考察』, 彩流社.

Fedaman, Lillian, 1991, Odd Girls and Twilight Lovers: A History of Lesbian Life in Twentieth-Century America (Between Men: Between Women), Columbia University Press.=1996, 富岡明美・原美奈子訳,『レスビアンの歴史』, 筑摩書房.

Flandrin, Jean-Louis, 1984, Families: parenré, maison, sexualitédans l'ancienne, Société Editions du Seuil=1993, 森田伸子・小林亜子訳,『フランスの家族─アンシャンレジーム期の親族・家・性』, 勁草書房.

Forward, Susan, 1989, Toxic Parents, Bantam Books.=1999, 玉置悟訳,『毒になる親』, 毎日新聞社.

Foucault, Michel, 1976, La volonte de savoir: Histoire de la sexualite 1, Gallimard.=1986, 渡辺守章訳,『性の歴史 Ⅰ─知への意志』, 新潮社.

Foucault, Michel, 1984a, L'sage des plaisir: Histoire de la sexualite 2, Gallimard.=1986, 田村俶訳,『性の歴史 Ⅱ―快楽の活用』, 新潮社.

Foucault, Michel, 1984b, Le souci de soi: Histoire de la sexualite 3, Gallimard.=1987, 田村俶訳,『性の歴史 Ⅲ―自己への配慮』, 新潮社.

福武逍, 1977,『現代日本社会論 第二版』, 東京大学出版会.

福武逍, 1987,『日本社会の構造 第二版』, 東京大学出版会.

服藤早苗, 1998,「中世の性愛・家族」, 服藤早苗ほか編,『家族と結婚の歴史』, 森話社.

後藤道夫ほか, 2007,『格差社会とたたかう―〈努力・チャンス・自立〉論批判』, 青木書店.

Harvey, David, 2005, A brief history of neoliberalism, Oxford University Press.= 2007, 渡辺治監訳,『新自由主義―その歴史的展開と現在』, 作品社.

橋本健二, 2007,『新しい階級社会新しい階級闘争』, 光文社.

橋本健二, 2009,『貧困連鎖―拡大する格差とアンダークラスの出現』, 大和出版.

平塚らいてう, 1918,「母性保護問題について再び与謝野晶子氏に寄す」, →香内信子編, 1984,『資料 母性保護論争』, ドメス出版.

Howard, Ronald L., 1981, A Social History of American Family Sociology: 1865-1940, Greenwood Press.=1987, 森岡清美監訳・矢野和江訳『アメリカ家族研究の社会史』, 垣内出版.

Hunt, Lynn, 1992, *The Family Romance of the French Revolution*, Centennial Book.=1999, 西川長夫ほか訳,『フランス革命と家族ロマンス』, 平凡社.

Illich, Ivan, 1981, Shadow Work, Marion Boyars Publishers.=1990, 玉野井 芳郎・栗原 彬 訳,『シャドウ・ワーク―生活のあり方を問う』, 岩波書店.

石原理紗, 1999,『くたばれ! 轉業主婦』, ぶんか社.

石原理紗, 1999,『私, オジサンの味方です』, ぶんか社.

伊藤比呂美, 1985,『良いおっぱい悪いおっぱい―すてきな妊娠・たのしい出産・あかるい育児・まじめな家族計画』, 冬樹社.

鎌田浩, 1987,「法史学会における家父長制論争」, 比較家族史学会編,『比較家族史研究』2号.

神島二郎ほか, 1982,「座談会 家族と社会諸科学」, 家族史研究編集委員会編,『家族史研究』7, 大月書店.

川本彰, 1978,『家族の文化構造』, 講談社現代新書.

川村邦光, 1994,『オトメの身体』, 紀伊国屋書店.

川村邦光, 1996,『セクシュアリティの近代』, 講談社メチエ.

川島武宜, 1946,「日本社会の家族的構成」→1950,『日本社会の家族的構成』, 日本評論社.

風間孝・キース・ヴィンセント・河口和也編, 1998,『実践するセクシュアリティ 同性愛/異性愛の政治学』, 動くゲイとレズビアンの会.

北村透谷, 1892,「厭世時家と女性」,『女學雑誌』, 三〇三號, 三〇五號, 女學雑誌社 →1969,『現代日本文學大系 6 北村透谷・山路愛山集』, 筑摩書房→青空文庫. http://www.aozora.gr.jp/cards/000157/files/45237_19755.html

喜多野清一, 1976,『家と同族の基礎理論』, 未来社.

喜多野清一ほか, 1970,「家族研究の回顧と展望 (座談会)」,『現代家族の社会学—成果と課題』→1993,『戸田貞三著作集 別券』, 大空社.

Koonz, Claudia, 1987, Mothers in the Fatherland: Women, the Family and Nazi Politics, Jonathan Cape Ltd.=1990, 姫岡とし子・翻訳工房とも訳,『父の国の母たち—女を軸にナチズムを読む (上)(下)』, 時事通信社.

Koontz, Stephani, 1992, The Way We Never Were: American Families and a Nostalsia Trap, Basic Books.=1998, 岡村ひとみ訳,『家族という神話—アメリカン・ファミリーの夢と現実』, 筑摩書房.

国立社会保障・人口問題研究所, 2005,『第13回出生動向基本調査—結婚と出産に関する全国調査 (夫婦調査)』.

小山静子, 1991,『良妻賢母という規範』, 勁草書房.

小山静子, 1994,「近代家族概念再考」,『立命館言語文化研究』6-1.

小山静子, 1999,『家族の生成と女性の国民化』, 勁草書房.

小山隆, 1951,「家族構成の面から見た封建遺制」, 日本人文科学会編,『封建遺制』, 有斐閣.

小山隆編, 1960,『現代家族の研究—実態と調整』, 弘文堂.

黒澤亜里子, 1985,『女の首—逆光の智恵子抄』, ドメス出版.

Laslett, Peter, 1985, The Traditional European Household.=1992, 酒田利夫・奥田

伸子訳,『ヨーロッパの伝統的家族と世帯』, リブロポート.

松原治郎, 1969,『核家族時代』, 日本放送出版協会.

目黒依子, 1987,『個人化する家族』, 勁草書房.

三浦展, 2005,『下流社会―新たな階層集団の出現』, 光文社新書.

Mies, Maria, 1986, Patriarchy and Accumulation on a World Scale, Zed Books Lit.=1997, 奥
    田曉子訳,『国際分業と女性―進行する主婦化』, 日本経済評論社.

Millet, Kate, 1970, Sexual Politics, Doubleday & Co.=1985, 藤枝澪子ほか訳,『性の政
    治学』, ドメス出版.

Mitchell, Juliet, 1974, Psychoanalysis and Feminism, Kern Associate.=1977, 上田昊訳,
    『精神分析と女の解放』, 合同出版.

Mitterauer, Michael & Sieder, Reinhard, 1997, Vom Patriarchat zur Patnerchaft,
    Beck.=1993, 若尾祐司・若尾典子訳,『ヨーロッパ家族社会史―家父長制からパ
    ートナー関係へ』, 名古屋大学出版会.

宮台真司ほか, 1988,『「女性の自己決定」原論―援助交際・売買春・子どもの性』, 日
    紀伊國屋書店.

森岡清美, 1963,「家族と親族」, 福武直編,『社会学』, 有信堂.

森岡清美, 1976,「社会学からの接近」, 森岡・山根常男編, 1976,『家と現代家族』, 培風館.

森岡清美, 1987,『現代家族の社会学』, 日本放送出版協会.

森岡清美, 1993,『現代家族変動論』, ミネルヴァ書房.

Murdock, Geroge P., 1949, Social Strucure, Macmillan.=1978, 内藤莞爾訳,『社会構造―
    核家族の社会人類学』, 新泉社.

牟田和惠, 1996,『戦略としての社会―近代日本の国民国家形成と女性』, 新曜社.

永田えり子, 1997,『道徳派フェミニスト宣言』, 勁草書房.

西川祐子, 1991,「近代国家と家族モデル」,『ユスティティア』第2号, ミネルヴァ書房.

西川祐子, 1996,「近代国家と家族」,『岩波講座現代社会学 第19巻〈家族〉の社会学』,
    岩波書店.

西川祐子, 2000,『近代国家と家族モデル』, 古川弘文館.

落合恵美子, 1989,『近代家族とフェミニズム』, 勁草書房.

落合恵美子, 1996,「近代家族をめぐる言説」,『岩波講座現代社会学 第19巻〈家族〉の

　　社会学』, 岩波書店.

落合恵美子, 1994, 『21世紀家族へ──家族の戦後体制の見かた・超えかた』, 有斐閣.

小倉千加子, 2003, 『結婚の条件』, 朝日新聞社.

Parsons, Talcott & Bales, Robert F., 1956, *Family socialization and interaction
　　process*, Routledge & Kegan Paul.=1981, 橋爪貞雄ほか訳, 『新装版 家族──核家
　　族と子どもの社会化』, 黎明書房.

Reich, Robert Barnard, 2000, The Future of Success: Working and Living in the
　　New Economy=2002, 清家篤訳, 『勝者の代價──ニューエコノミーの深淵と未来』,
　　東洋経済新報社.

Rougemont, Denis de 1939, Ĺamour et Ĺoccident, La Librairie Plon.=1993, 鈴木健
　　郎・川村克己訳, 『愛について (上)(下)』, 平凡社ライブラリー.

Rousseau, Jean-Jacques, 1762, *Emile ou de ĺéducation*=1962, 今野一雄訳, 『ルソー
　　(上・中・下)』, 岩波文庫.

Said, W. Edward, 1978, Orientalism, Aitken, Stone & Wylie Limited.=1993, 今沢紀
　　子訳, 『オリエンタリズム (上)(下)』, 平凡社ライブラリー.

Scott, Joan Wallach, 1988, Gender and the Politics of History, Columbia
　　University Press.=1992, 荻野美恵子訳, 『ジェンダーと歴史学』, 平凡社.

Scott, Joan Wallach, 1996, Only Paradoxes to Offer: French Feminism and the
　　Right of Man, Harvard University Press.

瀬地山角, 1990, 「家父長制をめぐって」, 江原由美子編, 『フェミニズム論争──七〇年代
　　から九〇年代へ』, 勁草書房.

瀬地山角, 1996, 『東アジアの家父長制──ジェンダーの比較社会学』, 勁草書房.

関口裕子・服藤早苗ほか, 1998, 『家族と結婚の歴史』, 森話社.

千田有紀, 1999, 「『家』のメタ社会学──家族社会学における『日本近代』家族史構築」,
　　『思想』898号, 岩波書店→2002, 佐佐木潤之介編, 『日本家族史論集 <1> 家族史
　　の方法』, 吉川弘文館.

千田有紀, 2009, 『ヒューマニティーズ 女性学/男性学』, 岩波書店.

Shorter, edward, 1975, The Making of the Modern Family, Basic Books.=1987, 田

中俊宏・岩崎誠一・見崎惠子・作道潤訳,『近代家族の形成』, 昭和堂.

Sokoloff, Natalie, 1980, Between Money and Love, Praeger Publishers.=1987, 江原由美子ほか訳,『お金と愛情の間』, 勁草書房.

Spivak, Gayatori Chakravorty, 1983, Displacement and the Discourse of Woman in Displacement: Derida and After.=1997, 長原豊訳,「置き換えと女性の言説」,『現代思想』12月号, 靑土社.

Stone, Lawrence, 1997, The family, sex, and Marriage in England: 1500-1800, Weidenfeld & Nicolson.=1991, 北本正章訳,『家族・性・結婚の社会学―1500年-1800年のイギリス』, 勁草書房.

鈴木栄太郎, 1940,『日本農村社会学原理』→1968,『鈴木栄太郎著作集 ⅠⅡ』, 未来社.

武田佐知子, 1998,『衣服で読み直す日本史―男装と王権』, 朝日選書.

田中美津, 1972,『いのちの女たちへ―とり乱しウーマン・リブ論』→2001,『新装版 いのちの女たちへ―とり乱しウーマン・リブ論』, 現代書館.

戸田貞三, 1926,『家族の研究』→1993,『戸田真三著作集 ⅠⅡ』, 大空社.

戸田貞三, 1934,『家族と婚姻』→1993,『戸田真三著作集 ⅠⅡ』, 大空社.

戸田貞三, 1937,『家族構成』, 弘文堂→1970, 新泉社.

利谷信義, 1987,『家族と国家―家族を動かす法・政策・思想』, 筑摩書房.

利谷信義, 1996,『家族の法』, 有斐閣.

東京大学大学院教育学研究科 大学経営・政策研究センター, 2009,「高校生の進路と親の年収の関連について」, http://ump.p.u-tokyo.ac.jp/crump/resource/crump090731.pdf.

Tuttle, Lisa, 1986, Encyclopedia of Feminism, the Longman Group Ltd.=1991, 渡辺和子監訳,『フェミニズム事典』, 明石書店.

內田春菊, 1994,『私たちは繁殖している』, ぶんか社.

上野千鶴子編, 1982,『主婦論爭を読む』, 1・2, 勁草書房.

上野千鶴子, 1986,「対幻想論」,『女という快楽』, 勁草書房.

上野千鶴子, 1990,『家父長制と資本制―マルクス主義フェミニズムの地平』, 岩波書店→2009, 岩波現代文庫.

上野千鶴子, 1994, 『近代家族の成立と終焉』, 岩波書店.

上野千鶴子, 1998, 『ナショナリズムとジェンダー』, 青土社.

山田昌弘, 1994, 『近代家族のゆくえ―家族と愛情のパラドックス』, 新曜社.

山田昌弘, 2004, 『希望格差社会―「負け組」の絶望感が日本を引き裂く』, 筑摩書房.

山室周平, 1963, 「核家族論と日本の家族 (2)」, 東京家庭裁判所・家庭事件研究会, 『ケース研究』 77=1987, 家族問題研究会編, 『山室周平著作集 家族学説史の研究』, 垣内出版.

与謝野晶子, 1918, 「平塚, 山川, 山田三女史に答う」→香内信子, 1984, 『資料 母性保護論争』, ドメス出版.

吉本隆明・芹沢俊介, 1985, 『対幻想論―n個の性をめぐって』, 春秋社.

吉澤夏子, 1997, 『女であることの希望―ラディカル・フェミニズムの向こう側』, 勁草書房.

Young, Iris, 1981, Beyond the Unhappy Marriage: A Critique of the Dual Systems Theory, Sargent, Lynda eds., Women and Revolution: A Discussion of the Unhappy Marriage of Marxism and Feminism=1991, 田中かず子訳, 「不幸な結婚を乗り越えて―二元論を批判する」, 『マルクス主義とフェミニズムの不幸な結婚』, 勁草書房.

若桑みどり, 2001, 『皇后の肖像―昭憲皇太后の表象と女性の国民化』, 筑摩書房.

Walby, Silvia, 1990, Theorizing Patriarchy, Blackwell.

Wall, Richard, 1983, The Household: Demographic and Economic Change in England= Wall, R, Robin, T. and Lasleft, Peter eds., Chapter 16 of Family forms in Historic Europe=1988, 中村伸子訳, 「世帯」, 斎藤修編著 『家族と人口の歴史社会学』, リブロポート.

Weber, Max, 1956, Wirtschaft und Grundriss der verstehenden Soziologie, neu herausgegebene Auflage.=1970, 世良晃志郎訳, 『支配の諸類形』, 創文社.

초출일람

1장 「家族規範の成立と変容」, 2003년 4월, 土屋葉 編 『こねからの家族関係学』, 角川
　　学芸出版.

2장 「さまざまな『家族』のかたち」, 2003년 4월, 土屋葉 編 『こねからの家族関係学』, 角
　　川学芸出版.

3장 書き下るし.

4장 「家族社会学の問題構制―『家』概念を中心として」, 1999년 6월, 『社会学評論』 50
　　号 1巻, 日本社会学会.

5장 「家父長制の系譜学」, 1999년 1월, 『現代思想』 1월号, 27-1, 青土社.

6장 「『核家族』とはどのような問題か」, 2002년 5월, 広田照辛 編 『〈きょういく〉のエポケ
　　― 第1巻 〈理想の家族〉はどこにあるのか?』, 教育開発研究所.

색인